文化名家暨“四个一批”人才自主选题项目

中国人，你真的了解孔子吗？

王大千 编著

序　言

今天，我们怎样认识孔子

毫无疑问，在当今世界，只要是有华人和汉字的地方，人们大抵都知道孔子。对于现代人来讲，孔子已经成为一个代表中国文化的符号。

然而，知道并不等于认识。在很多人的心目中，孔子是具体而又模糊、亲近而又遥远、熟悉而又陌生的。要真正走近他、认识他、了解他，我们每个人都还有一段不短的路要走。正如司马迁所说："《诗》有云：'高山仰止，景行行止。'虽不能至，然心向往之。"（《史记·孔子世家》）

孔子到底是个什么样的人？他到底说过哪些话，做过哪些事？他的思想与文化对中国乃至世界产生了怎样的影响？两千多年来，孔子像过山车一样，起伏跌宕，被崇拜也被蔑视，被称颂也被诋毁，真正地还原他的本来面目，是需要我们深入了解与深切体认的。

因此，今天怎样认识孔子，是一个需要我们共同面对的话题。

经历"吾少也贱"的苦难童年，成长为"大成至圣"的千古伟人，孔子的一生就是一介布衣不断追逐梦想、成就梦想的真实写照。言为世法，行为世范，他达成了一个

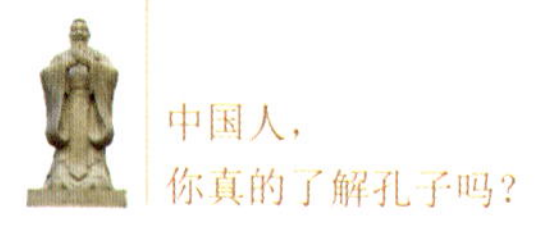

先贤的完美人格。

孔子不仅仅成就了自己，还想成就与他同时代以及他身后所有的中国人。作为“万世师表”的孔子，高举着“有教无类”的旗帜，肯定了每个人具有自我提升以至完满的可能，指出了学习是改变命运的必由之路。他的教育理念让中华民族读书的种子绵延不绝，他的学说点燃起中华民族不断向上向善的希冀，他的思想是构筑中华民族精神追求与道德价值的基石。

引导每个人都去做一个“君子”，是孔子“淑世济民”的理想与期待。他“食无求饱，居无求安”；他“发愤忘食，乐以忘忧”；他“学而不厌，诲人不倦”。即便是“陈蔡绝粮”，他也没有忘记“老者安之，朋友信之，少者怀之”的人间温暖。“知其不可而为之”是他对于自己所深爱着的中华大地最深沉的追求和不泯的信念。

南宋大儒朱熹说：“天不生仲尼，万古如长夜。”二十世纪八十年代，七十五位诺贝尔奖得主在巴黎聚会，发表宣言说：“人类要生存下去，必须回首二十五个世纪，去汲取孔子的智慧。”今天，在中华民族伟大复兴的关键时期，在宏大叙事的追梦中，我们仍然要从孔子那里继续寻求积善崇德、国富民强、文明和谐的正能量。

孔子之后的中国历史，无时无处不深深烙上他的印记；今天的我们守望家园，回眸注视孔子，发现他一直没有离开过我们。他并没有因为生活在两千多年前而拒绝我们的亲近，他耳熟能详的话语，循循善诱的关怀，依然活在我们的日常生活里，指导着我们的言行。可以说，孔子确立的中华民族最古老的价值观，在今天依然焕发着勃勃的生机与活力，涵养着中华儿女的精神世界。

“讲仁爱、重民本、守诚信、崇正义、尚和合、求大同。”孔子思想所传达的传统美德、政治理念、社会理想、民族精神，永远激励着自强不息的中华儿女。“温故而知新”，两千多年来，孔子始终与中华民族一起“在路上”。今天，我们真诚而温暖地走近孔子、认识孔子、感悟孔子，其实就是认识我们所处的时代，就是更好地认识我们自己！

中国孔子基金会 王大千

目　录

目 录

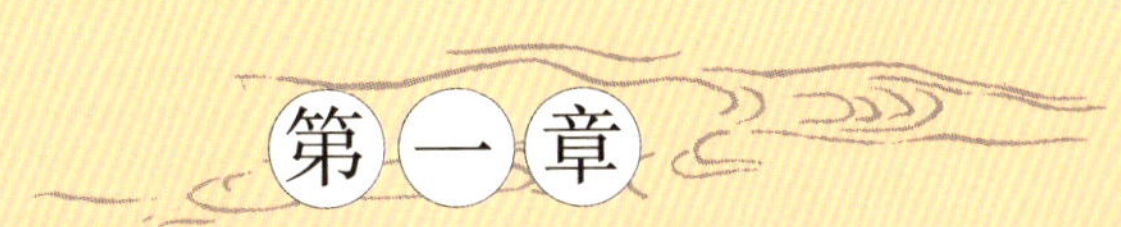

第一章

行为世范

——孔子的人生轨迹

孔子像

孔子的“身份证”

姓名：孔丘

曾用名：孔仲尼　　英文名：Confucius/Kung Tze

出生日期：公元前 551 年 9 月 28 日（农历八月廿七）

逝世日期：公元前 479 年 4 月 11 日（农历二月十一）

民族：汉　　　　国籍：鲁　　　　　祖籍：宋

家庭出身：士　政治面貌：大夫　出生地：鲁国陬邑

职业：教师，曾任公务员，退休后从事编辑工作

职称：褒成宣尼公、大成至圣文宣王、大成至圣先师等

孔姓由来

孔子的祖先姓子，是商朝宗室。周朝灭商后，为安抚商朝贵族，将商纣王的儿子武庚封于商代旧都。武庚并不甘心失去的地位，联合周朝的“三监”管叔、蔡叔、霍叔发动叛乱；叛乱失败后，周公以周成王之命封微子启于亳地（今河南省商丘市），国号宋，即宋国。

微子启为商纣王庶兄，以贤明忠正著称，死后葬于宋国故地（今商丘市睢阳区）。微子启去世后，弟微仲衍继立。微仲衍去世后，子宋公稽继立。宋公稽去世后，子丁公申继立。丁公申去世后，子湣公共继立。湣公共去世后，弟炀公熙自立，太子弗父何不得立。弗父何之弟公子鲋祀遂杀炀公，欲立弗父何，弗父何拒之。鲋祀遂成为国君，是为宋厉公。弗父何出任正卿。

弗父何去世后，子宋父周立。宋父周去世后，世子胜继立。世子胜生正考父。正考父事宋国戴、武、宣三位国君，以恭敬著称，“一命而偻，再命而伛，三命而俯”。正考父曾觐见周天子，取回《商颂》并进行了整理，为保存商文化做出了贡献。

正考父去世后，子孔父嘉继立。孔父嘉事宋穆公。穆公临死前不立其子公子冯，而立兄子公子与夷，以报兄长宣公让国之恩，并遗命孔父嘉辅佐与夷（即宋殇公）。孔父嘉事宋殇公，屡次征伐郑、卫等国，多以失败告终，引起国人不满。另一主政大夫华父督借国人不满发动兵变，杀掉了孔父嘉与宋殇公。孔父嘉之子木金父于是逃到了鲁国，成为鲁国人。从孔父嘉（名嘉，字孔父）到国君湣公已经超过了五代，根据当时的规定，“五世亲尽”可以单独立氏，于是以孔为氏，后世姓氏不分，孔就成了姓，此即孔姓的由来。

家庭成员

孔子的父亲名纥，字叔梁，又称叔梁纥，是鲁国有名的勇士。叔梁纥先娶施氏，生九女而无一子，其妾生一子孟皮，有足疾。其时儿子若身有残疾，则不宜继嗣。

叔梁纥晚年又娶年轻女子颜徵在，由于婚后不育，叔梁纥与颜徵在专门到尼山祈祷。孔子出生时，头顶中间低周围高，如同尼丘山的形状，故其父为其起名为丘，字仲尼。

夫子洞，相传为孔子出生处

孔子少时聪明好学，二十岁时学识已非常渊博，时人赞其“博学好礼”。他身高九尺六寸（1.92米），膂力过人，并非后世某些人认为的文弱书生的形象。

从政履历

孔子年轻时曾任管理仓库的“委吏”和管理牛羊的“乘田”，事无大小，他都认真负责，管理仓库计量公平，账目清楚；管理牛羊肥壮增多，均能做到近乎完美。由于身具不凡的能力和渊博的学识，孔子不断得到提拔。五十一岁时，他被任命为中都宰（在今山东省汶上县），鲁国一个重要地方的行政长官，上任后制定了养生送死的礼节，按照年龄大小分配食物，身体强弱分配工作，男女别途，政绩卓著，一年后升任司空（相当于现在的建设部部长），后又升任大司寇（相当于现在的公安部部长兼最高检检察长兼最高院院长）。五十六岁时，孔子升任代理宰相（由于孔子升迁过快，不符合当时官员的晋升标准，因此为代理宰相），兼管外交事务。孔子任此职仅三个月，鲁国内政外交等各方面便大有起色：国家实力大增，百姓安居乐业，社会秩序良好，“路不拾遗，夜不闭户”。他还通过外交手段，迫使齐国归还了此前侵占的大片鲁国领土。

周游列国

孔子杰出的政治能力让齐国倍感威胁。齐国于是设下卑鄙的计谋，为鲁哀公送来美女、良马，使其沉溺于酒色中，

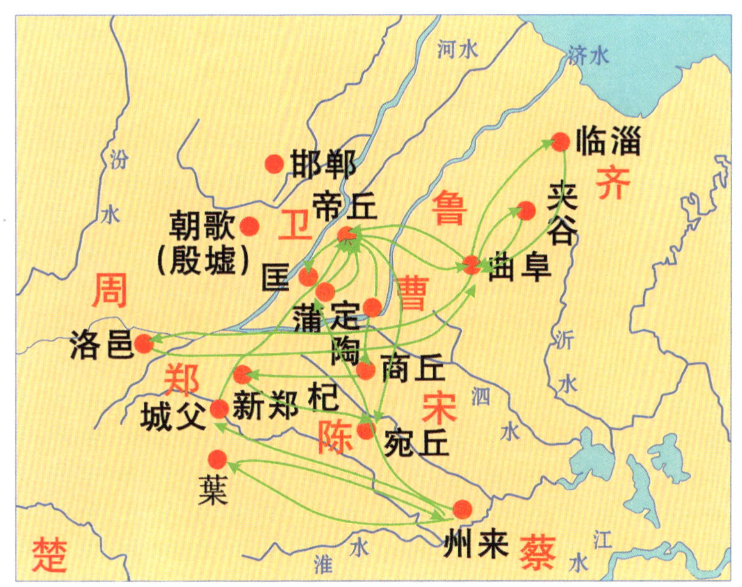

孔子周游列国示意图

逐渐不问政事。孔子对鲁哀公非常失望，于是便辞职离开鲁国，开始周游列国。他以鲁国为起点，游历了西南方的宋国、陈国、蔡国、楚国，西方的京城、卫国、曹国、郑国。历经十四载，于公元前 484 年返回鲁国，这时孔子已经六十八岁了。周游列国期间，他虽受到大多国君的礼遇，但其坚持的政治理想与当时急功近利的“霸道”不相符合，始终未得重用。孔子周游列国，堪称人类历史上一次伟大的文化壮行。

薪火传承

政治上不得意，孔子便将很大一部分精力用在教育事业上。

相传孔子讲学之处——杏坛

在孔子之前，学校由政府设置，受教育的都是贵族子弟。孔子率先打破了“学在官府”的教育垄断，开办私人学校，自三十岁左右开始收徒讲学。他以“有教无类”为办学宗旨，将文化传播于一般民众，期望培养一批德才兼备的君子，以改变“礼崩乐坏”的社会乱局，建立充满仁爱之风的“大同”世界。

随着孔子的声名远播，孔门规模也逐渐扩大。《史记·孔子世家》曾以“弟子弥众，至自远方，莫不授业”来描述其私学盛况。孔子一生，弟子多达三千人，其中贤者七十二人，很多成为各国的栋梁。

孔子的著述

孔子一生没有著作。他坚持“述而不作”的原则，晚

年把全部精力放在了整理流传下来的传统文化上，修《诗》《书》，订《礼》《乐》，序《周易》，作《春秋》。这些修订序作对后世影响深远。也因此，孔子在世时已被誉为“天纵之圣”“天之木铎”“千古圣人”，是当时社会上的最博学者之一。后世尊其为“至圣”（最高的圣人）、“万世师表”。

《麟经》传说

孔子晚年回到鲁国，开始整理史书，即后来的《春秋》。周敬王三十九年，即鲁哀公十四年（前481年）春天，孔子七十一岁时，鲁国虞人（管山林的人）报告，在曲阜西边捕获一只怪兽，据说是麒麟。孔子听到这个消息后，哀

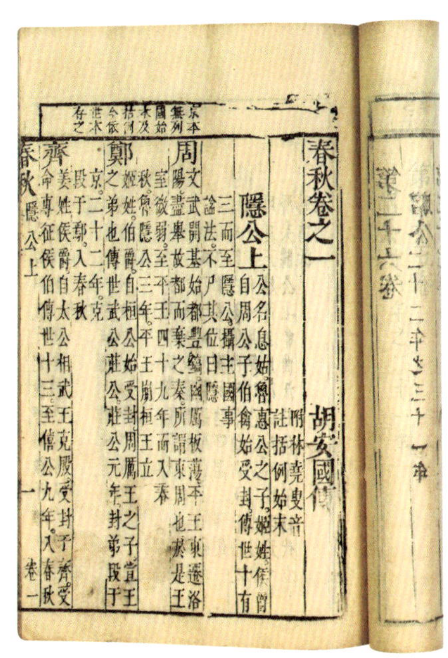

《春秋》书影

叹道："吾道穷矣！"

孔子认为麒麟是仁兽，含仁怀义，音中钟吕（其叫声像音乐），行步中规，折旋中矩（走路转身都合规矩），游必择土，翔必有处，不履生虫（脚不踏虫子），不折生草（身不折青草），不群不旅，不入陷阱，不入罗网，文章斌斌（身上有美丽的花纹）。其出必明王在位，以示祥瑞于世。故帝尧时麒麟游于郊外，万民知其为祥，不忍伤其生；周将兴，凤鸣于岐山，百姓以为瑞，争图其形，麒麟也曾现于野。自尧至今，麒麟两现于世，今次出现，无明王在位，非其时也，故折足而亡于奴隶人之手，令人哀伤。孔子于是绝笔，停止编纂《春秋》。弟子问其原因，孔子说：

> 丘犹麟也！麟之出，因不遇明王而遭害；丘生不逢时，不遇明王，故吾道难行于世，而终至于穷矣！

《春秋》的编纂因"西狩获麟"事件而终止。孔子通过该书对历史事件进行了记载、评述，表达了自己的思想观点。因与麒麟颇有渊源，故《春秋》又称《麟经》。

孔氏族系

孔氏族系记述清晰，百代不乱，为世界仅见。

孔氏族系如下：

卌七世祖　黄帝轩辕氏

卌六世祖　少昊金天氏（玄嚣）

卌五世祖　蟜极

卌四世祖　帝喾高辛氏

卌三世祖　契

卌二世祖　昭明

卌一世祖　相土

四十世祖　昌若

卅九世祖　曹圉

卅八世祖　冥

卅七世祖　振（王亥）王恒

卅六世祖　上甲微

卅五世祖　报乙

卅四世祖　报丙

卅三世祖　报丁

卅二世祖　主壬

卅一世祖　主癸

三十世祖　商王成汤（太乙）

廿九世祖　太丁　商王外丙　商王仲壬

廿八世祖　商王太甲（太宗）

廿七世祖　商王沃丁　商王太庚

廿六世祖　商王小甲　商王雍己　商王太戊（中宗）

廿五世祖　商王仲丁　商王外壬　商王河亶甲

廿四世祖　商王祖乙

廿三世祖　商王祖辛　商王沃甲

廿二世祖　商王祖丁　商王南庚

廿一世祖　商王阳甲　商王盘庚　商王小辛　商王小乙　商王武丁（高宗）

二十世祖　商王祖庚　商王祖甲

十九世祖　商王廪辛

十八世祖　商王康丁

十七世祖　商王武乙

十六世祖　商王文丁

十五世祖　商王帝乙

十四世祖　商王帝辛（纣）　微子启　微仲衍

十三世祖　宋公稽

十二世祖　丁公申

十一世祖　湣公共

十世祖　弗父何

九世祖　宋父周

八世祖　世子胜

七世祖　正考父

六世祖　孔父嘉

五世祖　木金父

高祖　祁父

曾祖　防叔

祖父　伯夏

父　叔梁纥

孔子

子　孔鲤

孙　孔伋

曾孙　孔白

玄孙　孔求

六代孙　孔箕

七代孙　孔穿

八代孙　孔谦

九代孙　孔鲋、孔树、孔腾，汉高祖刘邦封孔腾为奉祀君

十代孙　孔忠

十一代孙　孔武

十二代孙　孔延年

十三代孙　孔霸，汉元帝封为褒成君，爵关内侯，赐食邑八百户

十四代孙　孔福，袭封褒成君

十五代孙　孔房，褒成君

十六代孙　孔均，汉元帝改封褒成侯

十七代孙　孔志，褒成侯

十八代孙　孔损，褒成侯

十九代孙　孔曜，褒圣侯

二十代孙　孔完、孔赞，褒成侯

二十一代孙　孔羡，宗圣侯

二十二代孙　孔震，奉圣亭侯

二十三代孙　孔嶷，奉圣亭侯

二十四代孙　孔抚，奉圣亭侯

二十五代孙　孔懿，奉圣亭侯

二十六代孙　孔鲜，奉圣亭侯

二十七代孙　孔乘，崇圣大夫

二十八代孙　孔灵珍，崇圣侯

二十九代孙　孔文泰，崇圣侯

三十代孙　孔渠，崇圣侯

三十一代孙　孔长孙，恭圣侯，邹国公

三十二代孙　孔嗣悊，绍圣侯

三十三代孙　孔德伦，褒圣侯

三十四代孙　孔崇基，褒圣侯

三十五代孙　孔璲之，褒圣侯、文宣公兼兖州长史

三十六代孙　孔萱，文宣公

三十七代孙　孔齐卿，文宣公

三十八代孙　孔惟晊，文宣公

三十九代孙　孔策，文宣公

四十代孙　孔振，文宣公

四十一代孙　孔昭俭，文宣公

四十二代孙　孔光嗣，泗水主簿

四十三代孙　孔仁玉，文宣公兼曲阜县令

四十四代孙　孔宜，文宣公兼曲阜主簿、赞善大夫

四十五代孙　孔延世，文宣公兼曲阜县令

四十六代孙　孙圣佑，文宣公兼知县事

历代衍圣公

第四十六代衍圣公　孙宗愿，宋仁宗改称孔子嫡长孙为衍圣公。

第四十七代衍圣公　孔若虚、孔若愚

第四十八代衍圣公　孔端友（南宗）

第四十九代衍圣公　孔玠（南宗）、孔璠（北宗）

第五十代衍圣公　孔搢（南宗）、孔拯（北宗）、孙揔（北宗）

第五十一代衍圣公　孔文远（南宗）、孔元措（北宗）

第五十二代衍圣公　孔万春（南宗）

第五十三代衍圣公　孔洙（南宗）、孔浈（北宗）、

孔治（北宗）

第五十四代衍圣公　孔思晦、孔思诚

第五十五代衍圣公　孔克坚

第五十六代衍圣公　孔希学

第五十七代衍圣公　孔讷

第五十八代衍圣公　孔公鉴

第五十九代衍圣公　孔彦缙

第六十代赠衍圣公　孔承庆，未袭封先卒。

第六十一代衍圣公　孔弘绪、孔弘泰

第六十二代衍圣公　孔闻韶

第六十三代衍圣公　孔贞干

第六十四代衍圣公　孔尚贤

第六十五代衍圣公　孔胤植

第六十六代衍圣公　孔兴燮

第六十七代衍圣公　孔毓圻

第六十八代衍圣公　孔传铎

第六十九代赠衍圣公　孔继濩，未袭封先卒。

第七十代衍圣公　孔广棨

第七十一代衍圣公　孔昭焕

第七十二代衍圣公　孔宪培

第七十三代衍圣公　孔庆镕

第七十四代衍圣公　孔繁灏

第七十五代衍圣公　孔祥珂

第七十六代衍圣公　孔令贻，字谷孙，光绪三年（1877年）承袭衍圣公，1919年11月8日病逝于北京太仆寺街衍圣公府。

第六十一代衍圣公孔弘绪像

第六十八代衍圣公孔传铎像

第七十六代衍圣公孔令贻像

第七十七代衍圣公　孔德成，字玉汝，民国九年（1920年）承袭衍圣公。1935年，南京国民政府改其封号为“大成至圣先师奉祀官”。1949年国民党退守台湾，孔德成随之迁往台湾。他是最后一代衍圣公。

孔子的老师

孔子认为“学无常师”，强调“三人行，必有我师”。相传他曾访乐于苌弘，学琴于师襄，问礼于老聃。

访乐苌弘　苌弘（前575年—前492年），字叔，古资中县（今四川省资阳市雁江区）人。北宋《诸道图经》载：“苌弘，资中人，有祠在青泥坊，数里之内土色尚青。”《庄子·外物篇》载：“苌弘死于蜀，藏其血三年而化为碧。”

访乐苌弘（《圣迹图》）

成语“碧血化珠”“苌弘化碧”即由此而来。

苌弘博学多才，知天文地理，精星象音律。孔子在齐久仰其名其才，于周敬王二年（前 518 年）前往周地造访苌弘，向他求教：“《武》乐与《韶》乐孰为轩轾？”苌弘答道：“《武》乐为周武王之乐名，《韶》乐为虞舜之乐名，若以二者之功业论，舜是继尧之后治理天下，武王伐纣以救万民，皆功昭日月，无分轩轾。然则就乐论乐，《韶》乐之声容宏盛，字义尽美；《武》乐之声容虽美，曲调节器却隐含晦涩，稍逊于韶乐。故尔《武》乐尽美而不尽善，唯《韶》乐可称尽善尽美矣！”苌弘欣然施教，孔子称谢不迭。孔子与苌弘的此次会见史称“访弘问乐”。

周敬王三年（前 517 年），孔子前往齐国，得到机会聆听了《韶》乐的演奏，如醉如痴，“三月不知肉味”。

学琴师襄（《圣迹图》）

学琴师襄 师襄，春秋时鲁国乐官，擅击磬，也称击磬襄；也有一说是卫国乐官，亦称师襄子。《史记》里说他“以击磬为官，然能于琴”。《史记·孔子世家》和《韩诗外传》中都有孔子曾学琴师襄的记载。

孔子向师襄学习鼓琴，琴曲名为《文王操》。他苦练了数日后，师襄说：“可以学习新曲子了。”孔子摇摇头说：“我虽然熟悉了这个曲子，但还没有掌握弹奏的技法。”孔子又练习了一段时间后，师襄说：“你现在已经掌握了技法，可以学习新曲子了。”孔子说：“可我还没有领会乐曲的情感意蕴。”又过了一段时间，师襄子说：“你已经领会了乐曲的情感意蕴，可以学习新曲子了。”孔子说：“我还没有体会到作曲者是个什么样的人。”他仍苦练不辍，反复体会琴曲的内涵，钻研技巧，直到作曲者文王的形象在琴曲中跃然而出，才肯罢休。他这种锲而不舍的精神感动了师襄，师襄恭敬地避席而拜，表达对孔子的敬佩之情。

问礼老聃 老聃，姓李名耳，字伯阳，谥曰聃，世称老子。春秋时期楚国苦县（今河南省鹿邑县）人。《史记》记载，老子早年曾担任“周守藏室之史”，相当于现在的国家图书馆馆长。

孔子是个好学的人，他从来不满足于已经掌握的知识，而是不断地搜寻资料，扩大视野，增长见识。他曾经向自己的学生南宫敬叔袒露心声：“我听说在洛邑（今河南省洛阳市）当守藏史的老子，是个博古通今的学者。他既通礼乐之原，又通道德伦常之理。这样有学问的人，应该是我的老师，能到洛邑拜访他一次，是我生平之愿。”南宫

问礼老聃（《圣迹图》）

敬叔向鲁昭公报告了孔子的意愿。鲁昭公很赞赏孔子的想法，就送给他一辆车、两匹马和一个驾车的仆人，支持他远道求师。

老子听到鲁国的孔子不远千里前来求教，十分高兴，令僮仆把街道打扫干净，又令仆人套上车，亲自到郊外去迎接孔子。孔子在洛邑逗留了一些时日，他观明堂、入厉穆庙，并饱览了周王室丰富的藏书档案。同时，他虚心向老子求教，学到了不少东西。

孔子返回鲁国前夕，老子对他说：

吾闻之，富贵者送人以财，仁义者送人以言。吾不富不贵，无财以送汝；愿以数言相送。当今之世，聪明而深察者，其所以遇难而几至于死，在于好讥人之非也；

善辩而通达者，其所以招祸而屡至于身，在于好扬人之恶也。为人之子，勿以己为高；为人之臣，勿以己为上，望汝切记。

老子的这番话，使孔子受益匪浅。后来，孔子在与弟子们谈话时曾说："鸟，吾知其能飞；鱼，吾知其能游；兽，吾知其能走。走者可以为网，游者可以为纶，飞者可以为矰，至于龙，吾不能知，其乘风云而上天。吾今日见老子，其犹龙邪！"孔子把老子比作天上的龙，龙能自由自在地乘风上天，使人无法捉摸。他觉得老子的学问就和天上的龙一样玄妙高深。

孔子年表

一岁　鲁襄公二十二年（前 551 年）九月二十八日，孔子生于鲁国陬邑昌平乡，今山东省曲阜市东南。

三岁　鲁襄公二十四年（前 549 年），其父叔梁纥卒，葬于防山，今曲阜市东。孔母颜徵在携子移居曲阜阙里，生活艰难。

五岁　鲁襄公二十六年（前 547 年），孔子弟子秦商生，商字不慈，鲁国人。

六岁　鲁襄公二十七年（前 546 年），弟子曾点生，点字哲，曾参之父。

七岁　鲁襄公二十八年（前 545 年），弟子颜繇生，繇又名无繇，字季路，颜渊之父。

八岁　鲁襄公二十九年（前 544 年），弟子冉耕生，

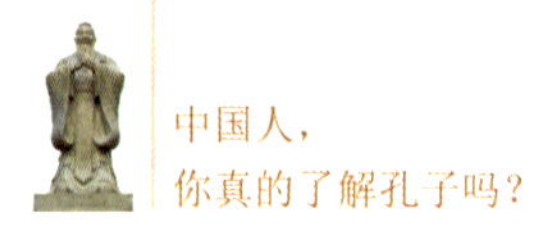

字伯牛，鲁国人。

十岁　鲁襄公三十一年（前542年），弟子仲由生，字子路，卞人。是年鲁襄公死，其子蹶继位，是为昭公。

十二岁　鲁昭公二年（前540年），弟子漆雕开生，字子若，蔡人。

十五岁　鲁昭公五年（前537年），孔子意识到要努力学习做人与生活的本领，故曰“吾十有五而志于学”（《论语·为政》）。

十六岁　鲁昭公六年（前536年），郑铸刑鼎。弟子闵损生，字子骞，鲁国人。

十七岁　鲁昭公六年（前535年），孔母颜徵在卒。

十九岁　鲁昭公九年（前533年），孔子娶宋人亓官氏之女为妻。

二十岁　鲁昭公十年（前532年），亓官氏生子。据传此时正好赶上鲁昭公赐鲤鱼于孔子，故孔子为其子起名为鲤，字伯鱼。是年孔子开始任委吏，管理仓库。

二十一岁　鲁昭公十一年（前531年），孔子改任乘田，管理畜牧。孔子说：“吾少也贱，故多能鄙事。”（《论语·子罕》）此“鄙事”当包括“委吏”“乘田”。

二十七岁　鲁昭公十七年（前525年），郯子朝鲁，孔子向郯子询问郯国古代官制。孔子开办私学，当在此前后。

三十岁　鲁昭公二十年（前522年），自“十五有志于学”至此时已逾十五年，孔子经过努力在社会上已站住脚，故云“三十而立”（《论语·为政》）。是年齐景公带晏婴来鲁国访问。齐景公会见孔子，与孔子讨论秦穆公何以称霸的问题。弟子颜回、冉雍、冉求、商瞿、梁鳣生。回字渊，雍字仲弓，求字子有，瞿字子木，皆鲁国人；驷字叔鱼，齐国人。

三十一岁 鲁昭公二十一年(前521年)，弟子巫马施、高柴、宓不齐生。施字子期，陈国人；柴字子高，齐国人；不齐字子贱，鲁国人。

三十二岁 鲁昭公二十二年（前520年），弟子端木赐生。赐字子贡，卫国人。

三十四岁 鲁昭公二十四年（前518年），孟懿子和南宫敬叔学礼于孔子。相传孔子与南宫敬叔曾适周问礼于老聃，问乐于苌弘。

三十五岁 鲁昭公二十五年（前517年），鲁国发生内乱。《史记·孔子世家》云："昭公率师击（季）平子，平子与孟孙氏、叔孙氏三家共攻昭公，昭公师败，奔齐。"孔子在这一年也到了齐国。

三十六岁 鲁昭公二十六年（前516年），齐景公问政于孔子，孔子对曰："君君、臣臣、父父、子子。"得到齐景公的赏识。齐景公欲以尼谿之田封孔子，被晏子阻止。孔子在齐闻《韶》乐，如醉如痴，"三月不知肉味"。

三十七岁 鲁昭公二十七年（前515年），齐大夫欲害孔子，孔子由齐返鲁。吴公子季札聘齐，其子死，葬于瀛、博之间。孔子往，观其葬礼。弟子樊须、原宪生。须字子迟，鲁国人；宪字子思，宋国人。

三十八岁 鲁昭公二十八年(前514年)，晋魏献子(名舒)执政，举贤才不论亲疏。孔子认为这是义举，云："近不失亲，远不失举，可谓义矣。"

三十九岁 鲁昭公二十九年（前513年），是年冬天

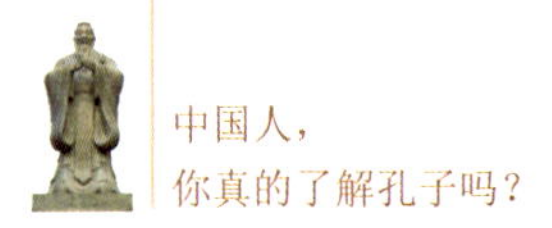

晋铸刑鼎。孔子曰："晋其亡乎，失其度矣。"

四十岁 鲁昭公三十年（前512年），经过几十年的磨炼，孔子对人生各种问题有了比较清楚的认识，故自云"四十而不惑"。弟子澹台灭明生。灭明字子羽，鲁国人。

四十一岁 鲁昭公三十一年（前511年），弟子陈亢生。亢字子禽，陈国人。

四十二岁 鲁昭公三十二年（前510年），昭公卒，定公立。

四十三岁 鲁定公元年（前509年），弟子公西赤生。赤字华，鲁国人。

四十五岁 鲁定公三年（前507年），弟子卜商生。商字子夏，卫国人。

四十六岁 鲁定公四年（前506年），弟子言偃生。偃字子游，吴国人。

四十七岁 鲁定公五年（前505年），弟子曾参、颜幸生。参字子舆，鲁国人；幸字子柳，鲁国人。

四十八岁 鲁定公六年（前504年），季氏家臣阳虎擅权日重。孔子称之为"陪臣执国命"（《论语·季氏》）。《史记·孔子世家》云："陪臣执国政……故孔子不仕，退而修《诗》《书》《礼》《乐》，弟子弥众，至自远方，莫不受业焉。"阳虎欲见孔子，孔子不想见，后二人在路上相遇。阳虎劝孔子出仕，孔子没有明确表态。

四十九岁 鲁定公七年（前503年），弟子颛孙师生。师字子张，陈国人。

五十岁 鲁定公八年（前502年），孔子自谓"五十而知天命"（《论语·为政》）。公山不狃据费叛季氏，

使人召孔子，孔子欲往，被子路阻拦。

五十一岁　鲁定公九年（前501年），孔子为中都宰，治理中都一年，卓有政绩，四方则之。弟子冉鲁、曹玲、伯虔、颜高、叔仲会生。鲁字子鲁，鲁国人；玲字子循，蔡国人；虔字子析，鲁国人；高字子骄，鲁国人；会字子期，鲁国人。

五十二岁　鲁定公十年（前500年），孔子由中都宰升任司空，后升任大司寇，摄相事。当年夏，孔子随定公与齐侯相会于夹谷。孔子事先对齐国邀鲁君会于夹谷有所警惕和准备，故不仅使齐国劫持定公的阴谋未能得逞，而且逼迫齐国答应归还所侵占鲁国的郓、汶阳、龟阴等地。

五十三岁　鲁定公十一年（前499年），孔子为司寇，鲁国大治。

五十四岁　鲁定公十二年（前498年），孔子为司寇，为削弱“三桓”，采取了“堕三都”的措施。叔孙氏与季孙氏为削弱家臣的势力，支持孔子的这一行动，但孟孙氏家臣公敛处父却强烈抵制。孟孙氏暗中支持公敛处父，致使“堕三都”的行动半途而废。弟子公孙龙生。龙字子石，楚国人。

五十五岁　鲁定公十三年（前497年）春，齐国送给鲁国八十名美女。季桓子接受了美女，君臣迷恋歌舞，多日不理朝政，致使孔子与季氏出现不和。孔子离开鲁国到了卫国。十月，孔子受谗言之害，离开卫国前往陈国；路经匡地，被围困；后经蒲地，遇公叔氏叛卫，孔子与弟子又被围困；后又返回卫都。

五十六岁　鲁定公十四年（前496年），孔子到卫国，被卫灵公夫人南子召见。子路对孔子见南子极有意见。郑国子产去世，孔子听到消息后，十分难过，称赞子产是“古之遗爱”。

五十七岁 鲁定公十五年（前495年），孔子离卫居鲁。夏五月，鲁定公卒，鲁哀公立。

五十八岁 鲁哀公元年（前494年），孔子居鲁，吴国使人聘鲁，就“骨节专车”一事问于孔子。

五十九岁 鲁哀公二年（前493年），孔子由鲁至卫。卫灵公问阵于孔子，孔子婉言拒绝了卫灵公。孔子在卫国待不下去，离卫西行，经过曹国到达宋国。宋司马桓魋讨厌孔子，扬言要加害孔子，孔子遂微服而行。

六十岁 鲁哀公三年（前492年），孔子自谓“六十而耳顺”。孔子经郑国去陈国，在郑国都城与弟子失散，独自在东门等候弟子来寻找，被人嘲笑为“累累若丧家之狗”。孔子欣然曰：“然哉，然哉！”

六十一岁 鲁哀公四年（前491年），孔子离陈赴蔡。

六十二岁 鲁哀公五年（前490年），孔子自蔡到叶。叶公问政于孔子，并与孔子讨论正直等道德问题。在离叶返蔡的途中，孔子遇隐者。

六十三岁 鲁哀公六年（前489年），孔子与弟子在陈蔡之间被困绝粮，许多弟子因困饿而病倒，后被楚人相救；由楚返卫，途中又遇隐者。

六十四岁 鲁哀公七年（前488年），孔子在卫，主张在卫国为政先要正名。

六十五岁 鲁哀公八年（前487年），孔子在卫。是年吴伐鲁，战败。孔子的弟子有若参战立功。

六十六岁 鲁哀公九年（前486年），孔子在卫。

六十七岁 鲁哀公十年（前485年），孔子在卫。孔子夫人亓官氏卒。

六十八岁 鲁哀公十一年（前 484 年），齐师伐鲁，孔子的弟子冉有率鲁师与齐战，获胜。季康子问冉有的指挥才能从何而来，冉有答曰："学之于孔子。"季康子遂派人以币迎孔子归鲁。孔子周游列国十四年，至此结束。季康子欲行"田赋"，孔子反对。孔子对冉有说："君子之行也，度于礼。施取其厚，事举其中，敛从其薄。如是则丘亦足矣。"

六十九岁 鲁哀公十二年（前 483 年），孔子仍有心从政，然不被任用。孔子继续从事教育及整理文献工作。孔子的儿子孔鲤卒。

七十岁 鲁哀公十三年（前 482 年），孔子自谓"七十而从心所欲，不逾矩"。颜回卒，孔子十分悲伤。

七十一岁 鲁哀公十四年（前 481 年），是年春，鲁哀公狩猎获麟。孔子认为这不是好征兆，说"吾道穷矣"，于是停止修《春秋》。六月，齐国陈桓弑齐简公。孔子见鲁哀公及三桓，请求出兵讨伐陈桓，没有得到支持。

七十二岁 鲁哀公十五年（前 480 年），孔子闻卫国政变，预感到子路有生命危险。之后得知子路果然被害，孔子十分难过。

七十三岁 鲁哀公十六年（前 479 年），四月，孔子患病，不愈而卒，葬于鲁城北。鲁哀公诔之曰："旻天不吊，不憖遗一老，俾屏余一人以在位，茕茕余在疚，呜呼哀哉！尼父！无自律。"不少弟子为之守墓三年，子贡为之守墓六年。弟子及鲁人从墓而家者上百家，得名"孔里"。孔子的故居自此后被改为庙堂，受到人们的祭祀。

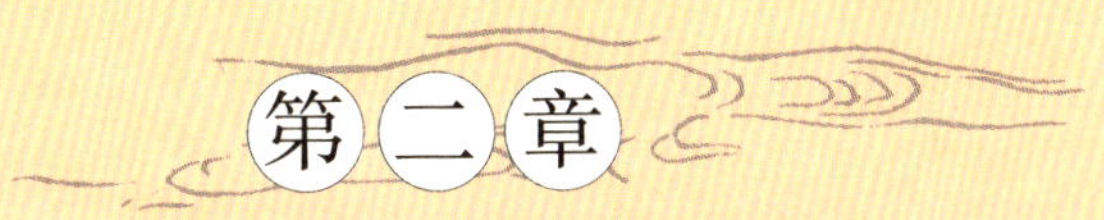

第二章

言为世法

——孔子与《论语》

版本概说

《论语》是记载孔子及其弟子言行的语录体著作，共二十篇，一万五千九百字，由孔子的弟子及其再传弟子编写而成，是我国古代儒家经典著作之一，被视为汉语文章的典范。

秦朝时，秦始皇焚书坑儒，致使到了西汉时期，《论语》仅存口头传授及从孔子住宅夹壁中发现的几种版本。其中，鲁人口头传授的《鲁论语》有二十篇，齐人口头传授的《齐论语》有二十二篇，孔子住宅夹壁中发现的《古论语》有二十一篇。

西汉末年，张禹精治《论语》，根据《鲁论语》，参照《齐论语》，另成一论，称《张侯论》，成为当时的权威读本。《汉书·张禹传》载："诸儒为之语曰：'欲为《论》，念张文。'由是学者多从张氏，余家寖微。"

《齐论语》和《古论语》后亡佚。现存《论语》二十篇，共四百九十二章。其中，记录孔子与弟子及时人谈论之语的有四百四十四章，记录孔门弟子相互谈论之语的有四十八章。

孰为编者

关于《论语》的编者，人们有多种说法。班固《汉书·艺文志》载，《论语》是孔子门人在孔子去世后，将各人所记孔子言行的笔记集中到一起，经过一番整理编辑而成的。至于有哪些弟子参加了这项工作，班固没有述及。

东汉的郑玄曾给《论语》作注，首次提出《论语》

由仲弓、子夏、子游等人撰定。这个说法影响极大，后世不少人从信不疑。唐人柳宗元却不以为然，认为孔门弟子中曾子最小，而《论语》记载了曾子去世的事，说明子夏、子游等人不可能编辑《论语》。他指出编辑此书的当是曾子的弟子，全书完成于曾子去世以后。

《论语》中，自始至终尊曾参为“曾子”，他的语录也很多，而且非常重要。如《论语·里仁》中，曾子将孔子“一以贯之”之道阐述为“忠恕”之门径，而“忠恕”二字恰是《论语》证道修学的核心纲领。《论语·泰伯》中收录了几条曾子去世前的语录，从时间上也能证明，《论语》由曾子的弟子最后编辑完成是有可能的。而且，曾子一直生活在鲁国，由他带领弟子进行《论语》的编辑工作是非常方便的。

据已知史料，曾子卒于公元前 436 年。《礼记·坊记》载，子思曾引用《论语》：“子曰：‘三年无改于父之道，可谓孝矣。’”子思卒于公元前 402 年，所以《论语》成书时间当不早于公元前 436 年，不晚于公元前 402 年。

由此可知，柳宗元的推论切实可信，所以今人基本赞同这一意见，不过有学者又略有补充。比如，语言学家杨伯峻先生认为“《论语》编纂成书虽在孔子去世后七十多年，但着笔或者较早，甚至也不是一人的笔墨”，所以，“《论语》是采辑孔门弟子或者再传弟子有关笔墨，在战国初期编纂而成的书”。

注本简述

关于《论语》的书可谓汗牛充栋，各个时代都有代表

作，现仅介绍其中几种。

《论语注疏》　魏何晏（？—249）集解，宋邢昺（932—1010）疏。在《十三经注疏》中，除了武英殿本，其他各本多沿袭阮元南昌刻本，因它有《校勘记》可以参考，基本文字出现于《校勘记》的，便在字句右侧用小圈做标记，以便于查考。

《论语注疏》书影

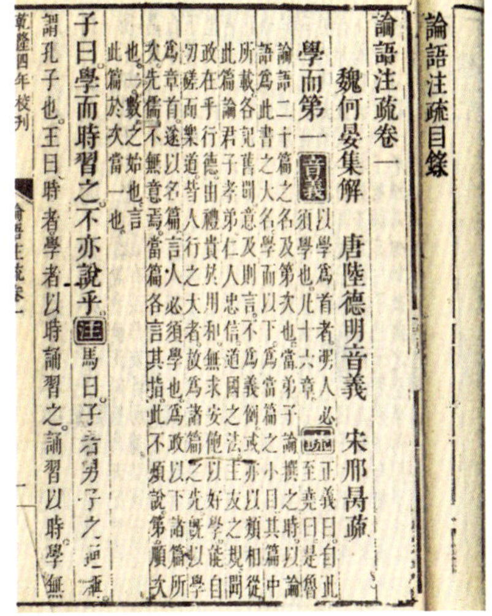
論語注疏目錄

論語注疏卷一

魏何晏集解　唐陸德明音義　宋邢昺疏

學而第一【音義】以學爲首者明人必須學也凡十六章【正義】曰自此至堯曰是魯論語二十篇之名及第次也當弟子論撰之時以論語爲此書之大名學而以下爲當篇之小目其篇中所載各記舊聞意及則言不爲義例或以類相從此篇論君子孝弟仁人忠信道國之法主友之規聞政在乎行德由禮貴於用和無求安飽以好學能自切磋而樂道皆人行之大者故爲諸篇之先既以學爲章首遂以名篇言人必須學也爲政以下諸篇所次先儒不無意焉當篇各言其指此不煩說第順次也一數之始也言此篇於次當一也

子曰學而時習之不亦說乎【注】馬曰子者男子之通稱謂孔子也王曰時者學者以時誦習之誦習以時學無

乾隆四年校刊

《四书章句集注》　宋朱熹（1130—1200）著。朱熹将《大学》和《中庸》从《礼记》中抽出，与《论语》《孟子》合编为一书，

《四书章句集注》清康熙内府影元刊本书影

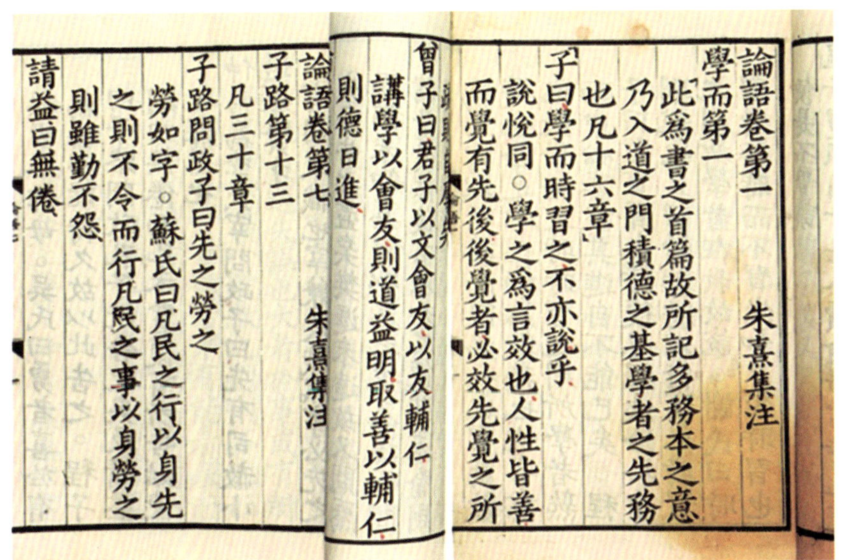
論語卷第一　朱熹集注

學而第一

此爲書之首篇故所記多務本之意乃入道之門積德之基學者之先務也凡十六章

子曰學而時習之不亦說乎

說悅同。學之爲言效也人性皆善而覺有先後後覺者必效先覺之所

曾子曰君子以文會友以友輔仁

講學以會友則道益明取善以輔仁則德日進

論語卷第七　朱熹集注

子路第十三

凡三十章

子路問政子曰先之勞之

勞如字。蘇氏曰凡民之行以身先之則不令而行凡民之事以身勞之則雖勤不怨

請益曰無倦

增加了注解，称为《四书章句集注》。自明朝以至清末，科举考试题目都从《四书章句集注》中出，所作文章的义理也不能违背朱熹的见解，这叫作“代圣人立言”。朱熹对于《论语》，不但训诂，也讲义理，影响很大。

《论语正义》 清刘宝楠（1791—1855）著。清代儒生大多不满意唐人、宋人对《论语》的注疏，所以陈奂（1786—1863）作《毛诗传疏》，焦循（1763—1820）作《孟子正义》。刘宝楠依焦循作《孟子正义》之法作《论语正义》，

《论语正义》民国白纸四部备要本

后因病而停笔，由他的儿子刘恭冕（1821—1880）继续写定，因而此书实为刘宝楠父子二人共著。此书征引广博，注疏恰当，时至今日参考价值仍然不小。

《论语疏证》 杨树达（1885—1956）著。此书把三国以前所有征引《论语》以及和《论语》有关的资料都依《论语》原文疏列，有时出己意，加案语，颇值得参考。

《论语译注》 杨伯峻著。杨伯峻先生在古汉语语法和虚词的研究方面颇有建树。他的《论语译注》注重对字音词义、语法规律、修辞规律及名物制度、风俗习惯等进行考证，论证周详，语言流畅，表述清晰准确，不但有很高的学术价值，更是普通读者了解《论语》的一本入门参考书。

成书之谜

我们现今看到的《论语》，是汉初鲁王刘馀拆孔子旧宅时从墙壁里发现的，也称蝌蚪文“孔壁书”。此前也有一个《论语》版本，是老学究们根据回忆用隶书写出来的。后者属于今文经，前者属于古文经。

西汉武帝以后基本上是今文经学的天下，主要研习的是《诗》《书》《礼》《易》《春秋》五经，所习者称为“五经博士”。研究五经的分为十四家，号称“十四博士”。西汉末年，从新朝王莽开始，因政治的需要，起用懂得人篆的刘歆，大力提倡古文经学，古文经学才逐渐兴盛起来。

播扬六艺

“六艺”最早见于《礼记》。孔子聚徒讲学之初，即注重教授礼、乐、射、御、书、数这六艺。其科目涵盖面广，内容实践性强，孔门弟子大多因孔子的教诲而拥有了非凡的成就。

礼是社会生活中由于风俗习惯而形成的为大家所共同遵守的仪式，是建立和谐人际关系的基础。习礼有助于人们更好地适应社会、融入社会，从而为实现自身的价值打下良好的外部基础。

乐即音乐。音乐是人类发展过程中逐渐形成的一种表

孔子六艺城

达内心情感的方式，有着强大的震撼力。音乐教育能使人的内心变得更丰富、更敏锐，性格变得更和谐、更豁达，气质变得更庄重、更儒雅。

射指包括射箭在内的体育项目。身体健康是一个人生存的基本保障，充沛的体力、精力是事业发展的基础，孔子将体育列为六艺之一，可见其对体育的重视。一个人掌握了一种体育技能，不仅能强身健体，而且乐趣无穷。

御指驾驭马车，引申为管理、治理。儒家讲修身、齐家、治国、平天下，其中隐含着自我管理、家政管理、政治及经济管理。管理水平的高低决定了社会发展进度，科学、有效的管理是家族、企业、政府乃至国家的凝聚力的来源。

书、数大致相当于今天的文科、理科教育。其重要性不言自明。

通过学习六艺，一个人可以在情商、体能、智商等方面得到很大的提升，从而具备较好的综合素质。高水准的情商使人在家庭、社会生活中和谐美满，充沛的体力使人能够应对工作、学习中的压力及突发状况，丰富的知识技能可以使人在所从事的领域中自由发挥，游刃有余。所以说，学习六艺可使人为社会建功立业，实现自身价值和社会价值，达到身心的愉悦和圆满。

孔子是一个积极的入世主义者，他的教育中蕴含着强烈的社会实践倾向。他虽然未能尽情施展自己的政治抱负，却通过教育使他的思想代代相传。他所倡导及践行的全面素质教育和社会化教育，对当今社会来说仍然非常适用。

《孔子家语》

王肃像

《孔子家语》与三国时期的大儒王肃分不开。王肃生于汉兴平二年（195年），其父王朗也是一代大儒。当时在学术界居于统治地位的是经学体系，经学大儒中最有名的要数“遍注群经”的郑玄了。在王肃五岁时，郑玄去世了，但他的影响依然巨大。王肃年轻时，曾跟一位叫宋忠的学者学习《太玄》。《太玄》中的学说内容驳杂，有孔、孟，有老、庄，亦有阴阳五行。王肃心高气傲，一心想超过郑玄，于是也“遍注群经”。王肃想挑战郑玄，当然不是一件容易的事。但他有高招：他选了孔安国的《尚书传》《论语》《孝经注》《孔子家语》《孔丛子》五部书来注，王肃利用书中的观点狠狠地批判了郑玄。特别是《孔子家语》，长达七万字，把孔子与学生的交往及孔子的性格描写得极其详尽。有人说，与《孔子家语》相比，《论语》不过是语录而已。

魏晋南北朝时，汉朝的经学体系解构，玄学大盛。唐朝通行的十四经中，有孔安国的《尚书》，却没有《孔子家语》。于是，宋朝人开始怀疑王肃“造假”。但是朱熹却持肯定态度，因为毕竟《孔子家语》中的许多内容是很有价值的。到了清代，著名学者阎若璩考证《孔子家语》为王肃作的伪书。

很多人认为《孔子家语》是伪书，可它却流传甚广。《四库全书》明知它是“伪书”，却把它收入，还说“知其伪

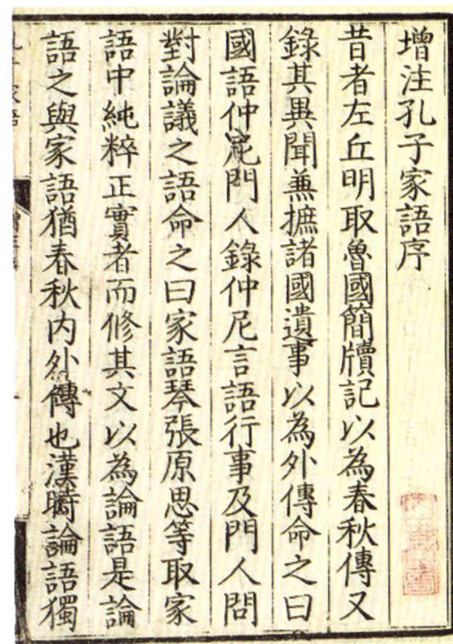
增注孔子家語序
昔者左丘明取魯國簡牘記以為春秋傳又錄其異聞兼摭諸國遺事以為外傳命之曰國語仲尼門人錄仲尼言語行事及門人問對論議之語命之曰家語琴張原思等取家語中純粹正實者而修其文以為論語是論語之與家語猶春秋內外傳也漢儒論語獨

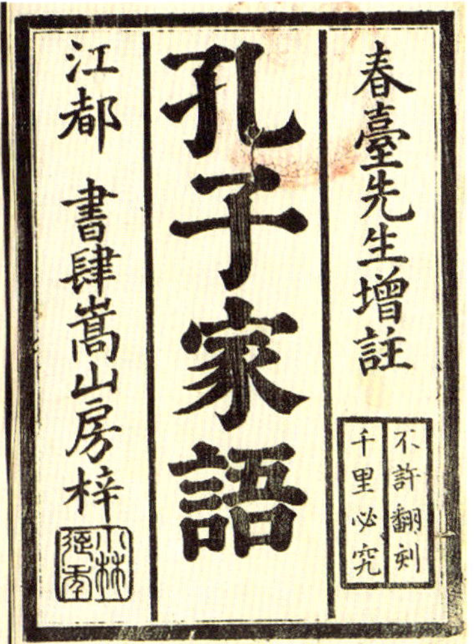
春臺先生增註
孔子家語
江都　書肆嵩山房梓
不許翻刻　千里必究

《孔子家语》书影

而不能废”。甚至直至今天，《孔子家语》依然一版再版。

1973年，河北省定县八角廊出土了一批西汉时期的竹简，其中有一部《儒家者言》，其内容与《孔子家语》相当接近。1977年，安徽省阜阳市双古堆出土了一批西汉竹简，其内容与《孔子家语》也有相近之处。于是，质疑之声又起。有人认为，既然西汉已经有此书，就不能说是三国的王肃造假。王肃当年看到的《孔子家语》不敢保证是秦以前的版本，但起码也是西汉时期的版本。王肃在对其进行整理的过程中可能有增删，但不可能无中生有，全盘杜撰。这可以证明一点：王肃没有伪造《孔子家语》。

那么，《孔子家语》到底从何而来？今文经学和古文经学的典籍中都没有《孔子家语》，会不会是西汉学者造假呢？对此，史学家、儒学家钱穆先生认为，西汉的学者大部分来自乡村，时代已经不允许他们游走于诸侯之间，所以西汉的学者是比较淳朴的，甚至有点儿土气，他们或老老实实地做学问，或老老实实地当郎吏，一步一个脚印；他们没有战国游士的异想天开，没有魏晋学者的狂妄玄妙，当然也没有唐代学者的大气磅礴，所以，西汉学者造假的可能性非常小。西汉学者注重的是五经，《论语》《大学》《中庸》《孟子》都不是核心典籍，《孔子家语》没有受到他们的充分关注也是情理之中的事情。另一方面，在西汉时，此前已被秦始皇命人焚毁的先秦典籍大多是靠儒士们凭记忆重新默写出来的，而《孔子家语》有七万多字，在已知先秦典籍中算得上长篇巨著，在对其进行整理的过程中因记忆出现差错而掺进一些东西，也是不可避免的事情，不能因此就咬定《孔子家语》是伪书。

海外影响

孔子是人类历史上最伟大的思想家之一，他的思想不仅影响了中国两千多年，还成为人类文明的共同财富。1988 年 1 月，在巴黎召开的第一届诺贝尔奖获奖者国际会议上，七十五位与会代表经过四天的讨论，提出了十六条以“面向二十一世纪”为主题的结论，其中很重要的一条就是：“人类要生存下去，必须回首二十五个世纪，去汲取孔子的智慧。”由此可见，西方学者对孔子的评价是很高的。不过，孔子思想在西方的传播是最近几个世纪才开始的。

《论语》最早的西文版本于 1687 年在巴黎出版，即拉丁文的《中国哲学家孔子——用拉丁文解释中国人的智

纽约曼哈顿孔子大厦前的孔子像

慧》（*Confucius Sinarum Philosophus, sive Scientia Sinensis Latine Exposita*），书中附有一段简短的致谢词，感谢法国国王路易十四对出版此书的支持。此书的编译者之一是刚从中国回法国的耶稣会会士柏应理（Philippe Couplet），其同行者中还有刚皈依耶稣会的中国教徒沈福宗。1684年，柏应理带着沈福宗去凡尔赛宫觐见了太阳王路易十四，路易十四对中国人的来访极有兴趣，甚至还让皇太子和太子妃一同参加会见，并要求客人表演用筷子进膳的方法。国王还饶有兴趣地观看了沈福宗创作书法作品的过程，并听他用中文念主祷文。作为回报，国王下令打开新近建成的凡尔赛宫花园中的所有喷泉，让中国客人尽情地欣赏。中国来客磕头致谢，行三跪九叩之礼，国王再三劝阻。这就是路易十四对《论语》最早的西文译本提供资助的缘由。

《中国哲学家孔子》书影

尽管《中国哲学家孔子》一书所署的编译者是柏应理、殷铎泽（Intorcetta）、恩理格（Hendtricht）和鲁日满（De Rougemont）这几位耶稣会会士，但是此书的出版事实上只是一个长期而复杂的过程的最后阶段。在此书出版的一个世纪之前，耶稣会会士利玛窦

（Matteo Ricci）首次进入中国的时候，就已经开始尝试将中国经典翻译成西方文字。利玛窦发现，中国的人才培养开始于教授“四书”，其中包括《论语》，如果耶稣会传教士不掌握它们，将不会被中国学者认为是知识分子，从而也不可能在他们中间传教。于是，利玛窦将“四书”粗略地翻译成了拉丁文。随后，至少有十七位耶稣会会士对其进行了研究和修改，其中有法国人、葡萄牙人、热那亚人、西西里人、比利时人和奥地利人，他们都通晓汉语和拉丁语。这些学者所付出的艰辛努力，最终凝成了《中国哲学家孔子》等书，将中国的智慧最早带到了欧洲。

我们知道，孔子在亚洲所产生的影响要远甚于欧洲，限于篇幅这里不予详述，留待第十章细说。

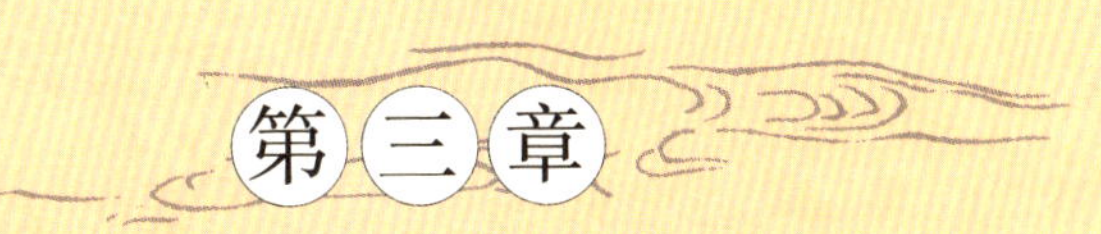

第三章

圣迹犹在

——孔子的足印

万仞宫墙今犹在

孔庙大门前方，是明代曲阜城正南门，南门正上方题有“万仞宫墙”四个大字。这四个大字，表达了历朝历代人们对孔子的无限敬仰之情。明嘉靖十七年（1538 年），山东巡抚胡瓒宗到曲阜祭孔，书写了“宫墙万仞”四字，雕刻成石匾，镶嵌在孔庙前面城墙上，万历年间开辟正南门后镶在正门上方。1748 年，清乾隆帝亲临曲阜祭孔，御笔重题“万仞宫墙”四字，替换下胡瓒宗的题匾，这就是今天我们看到的“万仞宫墙”匾额。

“万仞宫墙”意指孔子的道德学问如高达万仞的宫墙，一般人根本无法企及。语出《论语·子张》：

万仞宫墙

> 叔孙武叔语大夫于朝，曰：“子贡贤于仲尼。”子服景伯以告子贡。子贡曰：“譬之宫墙，赐之墙也及肩，窥见室家之好。夫子之墙数仞，不得其门而入，不见宗庙之美、百官之富。得其门者或寡矣。夫子之云，不亦宜乎！”

这段话的意思是，叔孙武叔在朝廷中对众官员说：“子贡要比他的老师孔子强。”子服景伯把这话告诉了子贡。子贡（端木赐）说：“拿围墙作比喻吧，我家的围墙也就肩膀那么高，人们很容易看见里面的好东西。但是，我老师家的围墙有好几仞高，如果不从正门进去，根本看不见里面富丽堂皇的庙宇房舍。能够找到我老师的大门的人是不多的。叔孙武叔的话不也很合适吗？”

清人陈瑶田《通艺录》载：一仞有七尺。根据出土实物测量，孔子时代一尺大约合十九点九厘米，一仞大约合一百四十厘米，正好是普通人肩膀的高度。子贡谦称自己的围墙只是“及肩”，那么当在一仞的高度。

子贡认为自己的围墙只有一仞，而孔子的有数仞之高，这本已是对孔子极为推崇了，不过后世的人们似乎还不满足，便有了“万仞宫墙”的说法。子贡这段话还给后世留下了另一个成语：“不得其门而入。”如果入了门，还要经过“升堂”，最后才是“入室”。据《论语·先进》中记载，子路在孔子门外弹琴。孔子说，子路弹琴，为什么到我这里来弹呢？弟子们从此有些看不起子路。孔子发现后，为了维护子路的威信，便对弟子们说：“由也升堂矣，

未入于室也。”孔子说，子路的学问已经很不错了，只是还没到十分精妙的地步。入门，升堂，入室，正是古往今来做学问必经的三个阶段。清末学者王国维在《人间词话》中也总结出了治学的三个境界：

> 古今之成大事业、大学问者，必经过三种之境界：“昨夜西风凋碧树。独上高楼，望尽天涯路”，此第一境也；“衣带渐宽终不悔，为伊消得人憔悴”，此第二境也；“众里寻他千百度，蓦然回首，那人却在，灯火阑珊处”，此第三境也。

王国维所谓的“第一境界”，显然是还没有找到门径，还处在“不得其门而入”的阶段；“第二境界”，是入门后经过一番磨难和努力，开始“升堂”；“第三境界”，才可谓真正“入室”了。

“入室”究竟是一种什么样的状态呢？孔子没有给出明确的标准。其实，它无非就是三个层次：一是已经找到了学习的方法，二是学习积累了一定的知识，三是已经达到了精深的高度。就子路而言，他还处在第二个层次。其他的学生，比如颜回，孔子自己说，颜回可能已经超越他了。孔子的说法子贡好像并不同意，他甚至认为孔子如日如月，是任何人都不可逾越的：“仲尼，日月也，无得而逾也。”显然，在子贡看来，任何人都无法超越孔子，包括颜回在内。

先师手植桧

曲阜孔庙大成门后石陛东侧，有一棵桧树，相传为孔子亲手所植。

据唐人封演《闻见记》记载："兖州曲阜文宣王庙内并殿西、南，各有柏叶松身之树，各高五丈，枯槁已久，相传夫子手植，永嘉三年其树枯死。"南宋人孔传《东家杂记》记载："先圣手植桧三株，两株双立御赞殿前，各高六丈余，围一丈四尺，其一在杏坛之东南，高五丈余，围一丈三尺。晋永嘉三年枯死，至隋义宁元年复生，唐乾封二年又枯，至本朝康定年一枝复生。"金贞祐二年（1214年）孔庙毁于火，三桧无复孑遗。元至元三十一年（1294年），三氏学堂的一位老师将东庑废墟上新生的桧树苗移栽于今处，明弘治十二年（1499年）被雷火烧死，清雍正二年（1724年）枯树再次被延烧，现仅存树桩。桩旁挺拔高耸的桧树叫再生桧，是雍正十年（1732年）复生的新苗。

如今，再生桧粗可合抱，枝冠似伞，树身似铜，高达十五六米，树头向南倾斜，周有石栏围护。树的东面立有一块石碑，上面刻着"先师手植桧"几个浑厚沉实、遒劲有力的大字，为明万历二十八年（1600年）杨光训手书。

先师手植桧

歌咏舞雩坛

舞雩坛

《论语·先进》中记载，孔子令几个弟子各言其志。当子路、冉有、公西华各自说出自己的志向后，曾点接着说：“莫（暮）春者，春服既成。冠者五六人，童子六七人，浴乎沂，风乎舞雩，咏而归。”孔子赞同他的主张，喟然叹曰：“吾与点也！”

舞雩坛，位于曲阜城南三里的沂河之北，是一座高大的土台。原为鲁国祭天的祭坛，后因孔子带领学生在此乘凉歌咏，故称舞雩坛。今坛基东西长一百二十米、南北长一百二十五米，残高七米，上植桃、杏、杨柳等树百余株，幽深的青草灌木中立有两块石碑，一题“舞雩坛”，一题“圣贤乐趣”。坛上原有的石碑今已不存，这两块石碑是后人补立的。

讲学洙泗间

孔子曾在洙、泗二水之间讲学，后世遂以“洙泗”为孔子教泽之代称。古洙水在今泗水县境内与泗水相合，会流至曲阜北，分为二水，洙在北，泗在南。后洙水改道入

洙泗书院

汶水，与泗水隔绝，故道已湮。今洙水在曲阜孔林东，向西南流入沂河，其实是另外一条河。

曲阜城东北四公里处有一处书院，因南临洙水，北临泗河，名曰洙泗书院。相传孔子周游列国返鲁后，在此删《诗》《书》，订《礼》《乐》，序《周易》，并聚徒讲学。汉代至宋金，此处均名为讲堂。元至元三年（1337年），人们于讲堂旧址重建殿、堂、门、庑等，改称洙泗书院，并设山长一人奉祀。书院后屡经重修。

嘉祥获麟台

获麟台，亦名麒麟台，古称获麟古冢，地处今山东省巨野县麒麟镇陈胡庄以东、后冯桥以北大洼内。此台相传为鲁哀公“西狩获麟”处。

嘉祥获麟台

“西狩获麟”发生在春秋末期鲁国西境大野泽地，文字记载首见于《春秋》。在战国史学家公羊高的《公羊传》和榖梁赤的《榖梁传》以及其他一些史书中也都有记载。

《左传·卷十二》载：

> 哀公十四年春，西狩于大野，叔孙氏之车子钼商获麟，以为不祥，以赐虞人。仲尼观之曰：“麟也。”

《东周列国志》载：

> 周敬王三十九年，鲁哀公狩于大野，叔孙氏家臣钼商获一兽，鹿身、牛尾、马蹄，头上有一肉角，怪而杀之。孔子叹曰：“仁兽，麟也，孰为来哉。”使弟子埋之。

《史记·孔子世家》载：

> 鲁哀公十四年春，西狩大野，叔孙氏之车子钼商获兽，以为不祥，仲尼视之曰："麟也。"取之。

《兖州府志·圣里志》载：

> 周敬王三十九年春（哀公十四年），西狩于大野。叔孙氏家臣钼商获麟。折其左足，载以归。叔孙氏以为不祥，弃之郭外，使人告孔子曰："有麇而角者何也？"孔子往观之曰："麟也，胡为乎来哉！"反袂拭面，涕泣沾衿。叔孙氏闻之，然后取之。子贡问曰："夫子何泣也！"孔子曰："麟之至为明王也，出非其时而见害，吾是以伤之。"

获麟台东西长七十三米，南北宽五十二米，占地面积达三千八百平方米。这里原有唐代石碑数座，由于年湮日久，已遭毁坏。明嘉靖十四年（1535 年），济宁州通判张九胥重修麒麟碑一座，立于今曹济公路旁，碑下部的"冢"字及年代署名至今尚存。因"西狩获麟"为重要的历史事件，一些州、县、乡、村地名，如唐代的麟州，巨野以东的嘉祥县，巨野城东的获麟保（乡）、获麟集，等等，皆以此命名。

泰山瞻鲁台

泰山上有不少孔子游览遗迹，瞻鲁台为其中之一。瞻鲁台在岱顶南侧，是孔子登山眺望鲁国的地方。《孟子·尽心上》载："孔子登东山而小鲁，登泰山而小天下。故游于海者难为水，游于圣人之门难与言。"大意是说：一个人知识要不断积累，境界要不断提升，才能有更高的道德修养。

此处还有"孔子小天下处"刻石，以志纪念。

瞻鲁台

虎山叹苛政

虎山在泰山南麓王母池东侧。据《礼记·檀弓》记载，"孔子过泰山侧，有妇人哭于墓者而哀"，孔子问明情况后，不由慨叹道："苛政猛于虎也！"此处地势开阔，山峦疏旷，

孔子过泰山侧（《圣迹图》）

似非虎狼出没之地，“虎山”之称或系后人附会。

清乾隆皇帝在此立“乾隆射虎处”石碑，声称曾在此亲射猛虎，不少人信为史实，实则是乾隆附庸风雅，借题发挥，以此寓革除“苛政”之意罢了。

孔子观礼处

季札子墓在泰山以东莱芜口镇。

季札是吴王寿梦的第四个儿子，曾三次放弃继承王位，周游列国学习礼乐，是吴文化的集大成者。孔子八岁时，

孔子观礼处

季札曾专程赴鲁观看乐舞，并给出了全面系统的评价。季札后来出使齐国，返途中其长子夭折于泰山脚下，只好就地安葬。《礼记·檀弓》记载，孔子认为季札是吴国最熟悉礼乐制度的，曾专程前往观看季札长子的殡葬仪式。

在季札子墓旁，立有“孔子观礼处”石碑。

不饮盗泉水

道泉峪在山东省新泰市木厂峪乡，以“盗泉”得名。《尸子》载：“孔子至于暮矣，而不宿于盗泉，渴矣而不饮，恶其名也。”

“不饮盗泉”亦有一说。据传有一年，天大旱，卞邑遭受灾荒颗粒无收，老百姓饿得连树皮都剥着吃光了，可是官府照常催要钱粮。官逼民反，有一个叫刘夏子的庄稼汉领着一伙人上了城北的青龙山，在那里占山为王造了反。他们人多势众，连官府也没有办法。正在发愁，孔子和弟子们来了，卞邑大夫向孔子说起这件事，孔子问：“老百姓为什么要造反？”大夫说：“年景不好，灾荒给闹的。”孔子说：“你为什么不少收些钱粮呢？”大夫说：“收这些钱粮我还不够用的，哪还能少收呢？照眼下情形看，不动武是不行的！”孔子说道：“这还用杀人吗？我去把他们叫下山来吧。”

盗　泉

孔子只带了高柴一个徒弟，来到了青龙山下。刘夏子听说孔子师徒来了，便下山来迎接他们。孔子说："只要你归顺了官府，我马上就上山；只要你还是盗人，我就不上山。"刘夏子怎么能轻易归顺？两人谈了很长时间谈不拢。当时天很热，孔子和高柴都渴得很厉害，刘夏子叫人端来一碗水给师徒二人喝。高柴正要喝，孔子却大声地阻止说："这种泉水喝不得！"刘夏子很奇怪，说："夫子，这是山上的清泉水，喝了只有好处没有坏处，为什么不喝？"孔子说道："山为盗占，盗山也！盗山之泉，盗泉也！君子不饮盗泉之水！"

故有"志士不饮盗泉之水，廉者不受嗟来之食"之说。后人因恶其名，改"盗"为"道"，沿用至今。

泰山孔子庙

泰山孔子庙有两处，一处在泰城岱庙东南，始建于宋

泰山孔子庙

代；一处在岱顶天街东首，碧霞祠西侧，始建于明嘉靖年间。

庙中除了奉祀孔子，还从祀颜回、曾子、孟子、子思，是为“四配”，另有“十二贤哲”列祀。清代泰安知县徐宗干题联：“仰之弥高，钻之弥坚，可以语上也；出乎其类，拔乎其萃，宜若登天然。”

孔子登临处

“孔子登临处”牌坊在泰山红门宫前，为山东都察御史朱安等人于明嘉靖三十九年（1560年）建。坊上镌联：“素王独步传千古，圣主遥临庆万年。”

汉代以前，人们登山是走泰山东路，入山须走大津口乡。古人在此建坊是为了以儒家文化晓谕游人，“代圣人立言”，扩大孔子在泰山的影响。

孔子登临处

郕邑见荣启期

郕邑在今山东省宁阳县东庄乡。《列子·天瑞》载："孔子游于泰山，见荣启期行乎郕之野。"

荣启期画像砖

荣启期

荣启期是隐士，已经九十岁了，身披鹿皮，腰束草绳，当时正在弹琴唱歌。孔子问道："什么事情使先生这样高兴呢？"荣回答说："我高兴的事太多了。世间万物只有人最尊贵，我能生而为人，是第一件乐事；人

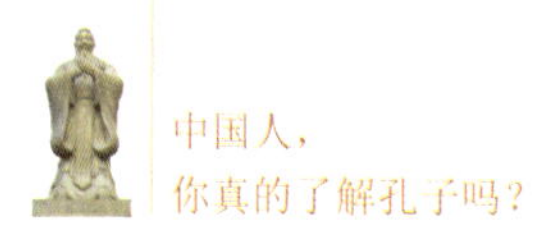

又分为男女，男尊女卑，我能作为男人，是第二件乐事；有的人寿命短暂，甚至夭折于母腹、襁褓之中，我有幸活到九十岁，是第三件乐事。生活贫寒是贤德之士的通常处境，死亡是人生的终结，我能在正常处境中度过一生就很满足了，还有什么值得忧虑呢？”孔子听了深有感触，说：“太好了，真是能自我宽慰的人！”

这件事情给孔子以很大的启发和影响，因而被后世传颂。

夹谷齐鲁会

《史记·孔子世家》载：鲁定公十年（前500年），孔子任鲁国司寇，开始以自己的政治主张治理国家，使鲁国逐渐安定强大起来，这让齐国十分不安。为了治服鲁国，齐景公采纳大夫黎鉏等人的建议，邀请鲁定公在夹谷会盟，

夹谷会盟地——齐村夹谷山

夹谷会盟图

想趁机以武力迫使鲁国屈服。鲁定公答应赴会，孔子以司寇代行相事随行，按照“有文事者必有武备”的方针，调集军队随行。

会见开始后，齐国先是演奏莱人歌舞，于是“旍旄羽袚，矛戟剑拨，鼓噪而至”，意在威胁鲁定公。情况紧急，孔子不顾常礼，一步迈上台阶，扬起衣袖振声喝道：“我们两国国君正在庄严地会见，为什么会有这种夷狄的歌舞？这不是齐国国君的本意。”齐景公觉得很不好意思，只得示意演奏者退下。过了一会儿，齐国又演奏宫廷雅乐，于是有“优倡侏儒为戏而前”，以此侮辱鲁定公。孔子又迈上台阶大声说：“戏弄诸侯者要依法斩首。”由于孔子态度严正，掌握礼节严密合度，军事上又有充分准备，齐景公感到鲁定公不是可以轻易挟持的，便匆匆结束了会见。

归国以后，齐景公心怀惭愧，埋怨臣下说：“孔子是按照礼仪辅佐国君，而你们却以旁门左道教我，现在失礼得罪了鲁国，该怎么办？”无奈只好归还以前侵占鲁国的汶阳田、龟阴田，以示谢过。今山东省泰安市城东十余里傅家村附近还存有谢过城遗址，这个谢过城就是因此事而修建的。

此前，晏婴非常瞧不起孔子，曾对齐景公说：“夫儒者滑稽而不可轨法；倨傲自顺，不可以为下；崇丧遂哀，破产厚葬，不可以为俗；游说乞贷，不可以为国……今孔子盛容饰，繁登降之礼，趋详之节，累世不能殚其学，当年不能究其礼。”（《史记·孔子世家》）然而，夹谷会盟充分显示了孔子的政治与外交才能，证明晏婴对孔子的看法是非常狭隘片面的。

援琴龟山畔

夹谷会盟后第四年，齐景公担心“孔子为政必霸”，会吞并齐国，便接受大夫黎鉏的提议，送给鲁君八十名妖艳美女，皆善唱靡靡之音，又送了一百二十匹高头骏马，想以此消磨鲁君意志，离间鲁君与孔子的关系。果然，“季桓子微服往观再三，将受。乃语鲁君为周道游，往观终日，怠于政事”（《史记·孔子世家》）。

孔子见鲁君如此荒唐，无奈只得辞职，怀着沉重的心情带领弟子离开了自己精心治理并初见成效的鲁国。途中经过泰山以南（今山东省新泰市以西）的龟山，看到肥沃的龟阴田，想到夹谷会盟的胜利成果犹在，如今自己却被迫去鲁，他胸中郁愤难平，遂作《龟山操》一曲。东汉蔡邕《琴操》记载道：

> 《龟山操》者，孔子所作也。齐人馈女乐，季桓子受之，鲁君闭门不听朝。当此之时，季氏专政，上僭天子，下畔大夫，圣贤斥逐，谗邪满朝。孔子欲谏不得，

退而望鲁，鲁有龟山蔽之。辟季氏于龟山，托势位于斧柯。季氏专政，犹龟山蔽鲁也。伤政道之陵迟，闵百姓不得其所，欲诛季氏而力不能，于是援琴而歌云：“予欲望鲁兮，龟山蔽之。手无斧柯，奈龟山何？”

学乐闻韶台

公元前517年9月的一天，鲁国国君鲁昭公因内乱弃国而逃。这场动乱直接危及与鲁昭公私交甚密的孔子；不久，孔子投奔到了齐国。这一年，孔子三十五岁。

在齐国的日子里，孔子曾到曲堤（在今山东省济阳县）讲学，结果听到了虞舜的音乐——《韶》乐。孔子听后惊叹至极，发出了“韶，尽美矣，又尽善也”的慨叹。《论语·述而》载：“子在齐闻《韶》，三月不知肉味。曰：‘不图为乐之至于斯也！’”孔子没有想到虞舜的《韶》乐如此美妙，为此三个月里废寝忘食，沉浸其中，如痴如醉，

孔子闻韶处

连吃的肉是什么滋味也不知道了。

后人在孔子学习《韶》乐的地方建起高台纪念，起名为“闻韶台”。闻韶台是一个用黄土堆起的高台，台高约四十米，台基占地两千八百多平方米，台顶面积约九百多平方米。台上台下错落有致地分布着殿台楼阁，高台脚下南北分别坐落有“闻韶书院”“万世宗师坊”“王母楼”“黄姑寺”等建筑，高台西面有巍巍禅塔与“闻韶台”遥遥相对。

孔子还乡祠

孔子还乡祠在今河南省商丘市夏邑县刘店集乡王公楼村，是一处坐北朝南、有着朱红色的围墙、蔚为壮观的古建筑群。

孔子的祖先是宋国（在今河南省商丘市）人。后因宋国内乱，孔子的先祖逃亡鲁国，遂成为鲁人。孔子的先祖多人葬于宋，因而孔子常常到宋祭祖扫墓。据《礼经》和《孔子家语》记载，孔子年轻时也曾多次回到故里宋国考察殷礼。

后人为纪念孔子还乡而建了还乡祠。全祠占地五十亩，有围墙、四门，南门处有一影壁墙。院中有一坛，坛的前后有两个大殿，内设孔子像及七十二贤像，以及孔子的先祖、历代儒学名家的牌位。院子的东西两侧建有厢房，院内还立有一些碑刻。

孔子还乡祠

孔子问津处

鲁定公十三年（前 497 年），孔子离开鲁国，开始周游列国。孔子问津的故事发生在鲁哀公十一年（前 484 年），当时他和弟子在陈蔡绝粮，被困七日，正当在前往楚国负函（今河南省信阳市）的途中。但当时究竟在何处问津，史籍中并无详细的记载，所以，关于孔子“问津”处的说法颇多，迄今尚无定论。根据历史文献考证，今河南省信阳市罗山县的“子路问津处”较为可信。

《论语》《史记》对孔子使子路问津一事均有记载。《论语·微子》记载：“长沮、桀溺耦而耕，孔子过之，使子路问津焉……”《史记·孔子世家》称孔子“去叶，返于蔡。长沮、桀溺耦而耕，孔子以为隐者，使子路问津焉”。子路前去问津，随后有了这样一番对话：

> 桀溺曰：“滔滔者天下皆是也，而谁以易之？且而与其从辟人之士也，岂若从辟世之士哉？”……子路行以告。夫子怃然曰：“鸟兽不可与同群，吾非斯人之徒与而谁与？天下有道，丘不与易也。”

历史学家钱穆《论语新解》注曰：“长沮、桀溺两隐者，姓名不传。沮，沮洳。溺，淖溺。以其在水边，故取以名之。桀，健义，亦高大义。一人硕然而长，一人高大而健。”长沮、桀溺虽归隐山林，但并不闭目塞听，他们知道鲁哀公曾问过孔子：鲁国之乱，源于季氏，大家都明白，然而，为何越明白越乱呢？孔子这样答道：因为你只是明白一国、

孔子使子路问津（《圣迹图》）

一人，而不明白天下。可见孔子是知而不迷。因此，长沮其实是话中有话：孔子既知鲁之“迷津”，也必知楚之“迷津”，故不以渡口相告。

孔子问津表面上是师徒在打听河流的渡口，实际上是隐喻他们正在探寻人生的渡口和救世的道路，让人体悟到孔子对人生观、价值观、宇宙观的探索与思考。在当时诸侯争霸的无道乱世中，孔子“明知不可为而为之”，走上了一条艰险无比的道路，体现了他思想和人格的不凡。

孔子见南子

南子，春秋时卫国卫灵公夫人，原为宋国公主，河南商丘人。南子的美貌名闻天下，与卫灵公男宠公子朝相恋，后随公子朝出走晋国。南子最有名的事迹就是与孔子相见，即“子见南子”。

南子要会见孔子，可能因其形象高大，“孔子长九尺有六寸，人皆谓之‘长人’而异之”。对于南子的邀请，孔子曾经畏葸不前。南子不甘心，派人转告孔子：“四方之君子不辱欲与寡君为兄弟者，必见寡小君。寡小君原（愿）见。”

孔子审时度势，权衡利弊，“不得已而见之”。当时，南子若隐若现地坐在絺帷中。孔子不见庐山真面目，稽首行礼，但闻玉环璧佩骤然声响，像是南子正在里面欠身还礼，俯仰之间，如同仙乐……出门之后，恰逢子路。子路很不高兴。孔子对他发誓说：“如果我做错了事，老天也不会容忍我！”

礼见南子（《圣迹图》）

“子见南子”引发了千年评说。汉代大儒孔安国认为，子路不满孔子见南子，孔子赌咒发誓，表白自己，其事有无，颇为可疑。明代学者杨慎却将此事的解释由凡俗转向神圣化，赞扬孔子“非犯色”之想，只是出于礼节而已。钱穆则认为：“好色出于诚，人之好德，每不如好色之诚也。孔子此章所叹，古故如此，今亦同然，何必专于卫灵公而发之？”

孔子晒书台

在河南省上蔡县华陂镇陈蔡铺村西南，有一片高于周围的岗地，周围枯河环抱，这便是两千多年前孔子晒书的

地方，史称“晒书台”。

春秋时期，陈蔡铺村是陈、蔡两国大道所经之地，也是行人旅中食宿、商贾集散交易之地。相传当年孔子周游列国，自陈入蔡行至此处，天降暴雨，连下七天，房倒屋塌，平地行船。为了躲避洪灾，孔子带领弟子来到枯河湾中的这片岗地。神奇的是，水涨这片岗地也涨，不论怎样，水都淹没不了它。见此情景，许多逃难的百姓也纷纷来到这里躲避洪水。

雨过天晴之后，爱书如命的孔子便和弟子一起把被暴雨淋湿的竹简在岗地上一捆一捆地摊开晾晒。后来，人们为了纪念孔子，便把这片岗地叫作“晒书台”。

孔子晒书台遗址

学堂岗圣庙

学堂岗圣庙位于河南省长垣县满村乡学堂岗村东。《名胜志》载："昔孔子聘列国与四弟子（子路、曾皙、冉有、公西华）弦诵于此，故曰学堂岗。"

公元前 496 年，孔子从鲁国到卫国，途经长垣时，突然乌云密布，电光闪闪，眼看就要下雨了，便借宿在这个村子东头的一间草屋里。傍晚时分，云散日出，红霞满天，满岗杏花，鲜艳夺目。孔子决定住下来，在岗上讲学。从此，该村得名学堂岗，讲学的地方被称为杏坛。后人在岗上建了一座庙，以为纪念。

学堂岗圣庙

匡地遭围攻

孔子周游列国的十四年中，历尽艰险，备遭坎坷，克服了重重磨难，其常人所不具备的参政期待和坚强意志，以及匡时救世的执着精神，让当时和后世之人仰之弥高、肃然起敬。其中，“子畏于匡”（《论语·子罕》）就是孔子遇到的磨难之一。

孔子和弟子经过卫国的匡地时，为孔子赶车的颜刻用鞭子指着匡城的一个缺口说：“从前我进过这个城，就是由那个缺口进去的。”匡地有人恰巧在旁边听到了这句话，看到孔子的身形很像鲁国的当权者阳虎，误以为孔子就是

匡地遭围攻（《圣迹图》）

阳虎。以前，阳虎曾经残害过匡人，匡人对他恨之入骨，于是将孔子等人拦住，把他们围困起来，孔子率领弟子进行了防御。匡人步步逼近，弟子们都感到很害怕。孔子鼓励弟子们说：周文王去世以后，周朝的礼乐道统不都集于我一身吗？上天要想毁灭这种礼乐道统，就不当让我们这些后死者负起传承这种礼乐道统的责任。上天要是不毁灭这种礼乐道统，匡人又能把我们怎么样呢？

匡人无法攻进孔子和弟子所设置的防御圈，孔子和弟子也无法摆脱匡人的围困。孔子情急生智，让一个弟子冲出匡人的包围圈，去向卫国权臣宁武子求救。宁武子于是派人前来解救孔子。孔子和弟子们终于摆脱了匡人围困，离开了匡地。

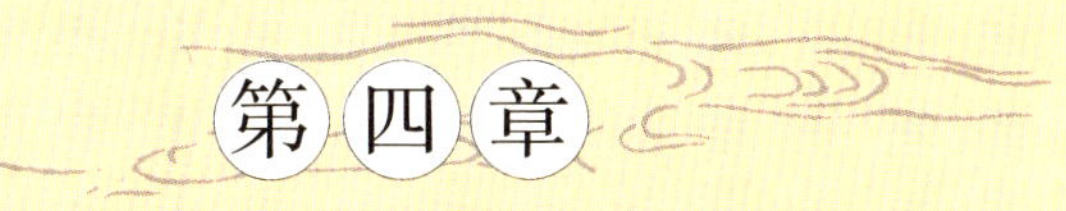

第四章

宫墙万仞

——“三孔”与海内外孔庙

孔庙徜徉

孔庙即孔子庙，是纪念我国伟大的思想家、教育家孔子的祠庙建筑；在历代王朝更迭中，又被称作文庙、夫子庙、至圣庙、先师庙、先圣庙、文宣王庙，尤以文庙之名最为普遍。

孔庙的出现始于公元前478年，即孔子去世后的第二年。弟子们将其生前的“故所居堂”立为庙，“岁时奉祀”。当时只有“庙屋三间”，内藏孔子生前所用的“衣、冠、琴、车、书”。其后，历朝历代不断对孔庙加以扩建。东汉永

曲阜孔庙鸟瞰图

兴元年（153 年），桓帝令孔和为守庙官，“立碑于庙”。魏黄初二年（221 年），文帝曹丕下诏在鲁郡“修起旧庙”，但当时的规模并不大。西晋末年“庙貌荒残”。东魏兴和元年（539 年）修缮孔庙，“雕塑圣容，旁立十子”，此为孔庙有塑像之始。到了唐初，除了在国都的最高学府——国子监修建“周公、孔子庙各一所”外，皇帝还下诏“州、县皆立孔子庙”。唐代修庙五次，北宋修了七次。

曲阜孔庙的现有规模，是经明、清两代扩建而成的。建筑仿皇宫之制，共分九进庭院，贯穿在一条南北中轴线上，左右对称排列。整个建筑群包括五殿、一阁、一坛、两庑、两堂、十七座碑亭，共四百六十六间，分别建于金、元、明、清和民国时期。孔庙占地约两百亩，南北长达一公里多，四周围以高墙，配以门坊、角楼。这一具有东方建筑特色的庞大建筑群，其面积之广大，气魄之宏伟，时间之久远，

曲阜孔庙大成殿

保存之完整，被古建筑学家称为世界建筑史上的“孤例”。

在历史长河中，各地各级孔庙逐渐分为礼制庙宇和非礼制庙宇。凡列入国家祭典的孔庙都是礼制庙宇，孔子后代家庙、孔子活动过的地方所建的纪念性庙宇，以及书院内的祭祀庙宇等则是非礼制庙宇。

礼制庙宇由国家予以倡导和推行，它的建筑模式、体量、色调以及祭祀的内容、等级等等，都必须遵循国家认可的规范和准则。在孔庙系列中，太学国庙和曲阜祖庙处于最高等级，而府之庙学又高于县之庙学。但同为孔庙，无论级别高低，其精神如一，在建筑构成和祭祀活动上大体都依循一套共同的原则。从建筑上说，绝大多数孔庙都有棂星门、泮池、大成门、大成殿、东西庑、崇圣祠、乡贤祠、名宦祠，建筑布局大多是中轴分明，左右对称；从祭祀角度说，除了主祭孔子外，还有四配、十二哲以及历代先贤先儒、各地乡贤名宦等等。孔庙祭祀仪式也因时代不同而有所改变，唐宋以后逐渐形成一套专用于孔庙的祭仪“释奠”。

由于儒家思想对于维护社会安定起到了重要作用，历代帝王都高度重视建设孔庙，其数量之多、规制之高，以及建筑技术与艺术之精美，在我国古代建筑中尤为突出。孔庙是我国古代文化遗产中极其重要的组成部分。

孔林探幽

孔林是孔子及其后裔的墓地，坐落于山东省曲阜市城北，占地三千余亩。它是我国也是世界上规模最大、持续年代最长、保存最完整的一处家族墓葬群和人工园林。

孔林大门

孔子去世后，弟子们把他葬于鲁城北泗水之上，那时还是“墓而不坟”（无高土隆起）。秦汉时期，虽将坟高筑，仍只有少量墓地和几家守林人。后来随着孔子地位的日益提高，孔林的规模越来越大。东汉桓帝永寿三年（157年），鲁相韩勑重修孔墓，于墓前造神门一间，东南又造斋宿一间，以吴初等若干户供孔墓洒扫。当时的孔林地不过一顷。南北朝高齐时，植树六百株。宋代宣和年间，又在孔子墓前修造石仪。

孔林中古木参天，茂林幽深。相传孔子弟子各以其故乡的树木植于孔林之内，因而树种极多。林中墓冢累累，

碑碣林立，除了孔子、孔鲤、孔伋祖孙三代墓，还有孔闻韶、孔尚任、孔毓圻、孔令贻墓等等。孔林中的墓碑除了一批著名的汉代石碑被移入孔庙，尚存有李东阳、严嵩、翁方纲、何绍基、康有为等历代著名书法家的亲笔题碑，故而孔林又有碑林的美名，堪称书法艺术的宝库。

郭沫若曾说："这是一个很好的自然博物馆，也是孔氏家族的一部编年史。"孔林对于研究中国历代政治、经济、文化的发展以及丧葬风俗的演变，有着不可替代的作用。

孔林鸟瞰图

孔府寻踪

孔府是历代衍圣公的官署和孔子后裔直系子孙的住宅，位于山东省曲阜市区中心；自宋宝元年间开建，后曾多次重修。

孔府沿用中国传统的前堂后寝制度。前堂部分有官衙、东学、西学，供处理公务、会客之用，是对外活动的场所；后寝部分有内宅、花厅、一贯堂等，是家族生活的场所。建筑群设计遵循礼教与宗法原则，中贯轴线，左右对称，成三路布局，使一系列功能不同的建筑物主次分明、次序

孔府鸟瞰图

孔府大门

井然地排列。

要进孔府，必经过孔府大门，即第一道门。孔府大门坐北朝南，堂皇威严，始建于明代中叶。门上悬挂着“圣府”二字，为蓝底金字。两侧明柱挂有一副楹联，上联为“与国咸休安富尊荣公府第”，下联是“同天并老文章道德圣人家”。门两边置石狮、下马石各一对。门内有东西厢房各五间，西厢房为赉奏厅，专司门房、京差；东厢房为催征粮草、站堂、拘捕、监押佃户等事之处，故东厢房又称“四路常催”。

府内现存有自明嘉靖十三年（1534 年）至 1948 年的“孔府档案”，按“天地玄黄、宇宙洪荒”的千字文之次序编目，内容包括袭封、宗族、属员、诉讼、租税、祠典、政事、财务、文书等类。新中国成立后，研究人员已整理出九千余册，为世界上持续年代最久、范围最广、保存最完好的私家档案，是研究我国历代政治、经济、文化的重要参考文献。

府内还收藏着大批珍贵的历史文物，其中最著名的为“商周十器”，亦名“十供”，原为清宫所收藏的青铜礼器，是清高宗于 1771 年颁给孔庙的。文物价值很高的有明代服饰、孔子画像，历代衍圣公和夫人肖像，等等。可以说，孔府是我国一座名副其实的宝库。

孔府前堂楼内景

奉祀制度

在文庙祭祀中，奉祀制度具体表现为以孔子为主祭对象，以孔门弟子及历代大儒作为配祭对象，并按照国家规定的等级进行祭祀。这种有主、有配的祭祀传统，在上古礼制中十分常见。《汉书·郊祀志》载“郊祀社稷，所从来尚矣”，唐代经学家、历史学家颜师古谓“起于上古”，即无论郊祭还是祭社祭稷均源自上古时代。古人祭天于郊，称为郊祭。《礼记·祭义》载“郊之祭，大报天而主日，配以月”，郊祭之典以日为主，以月相配。之所以如此，唐人孔颖达解释说：“天无形体，县象著明，不过于日月，故以日为百神之主，配之以月，自日以下皆祭，特言月者，但月为重，以对日耳。”

“祭社”与“祭稷”同样有主、有配。宋人方悫说：“有其祀，必有其配。故主以日，而又配以月也。犹之祭社，则配以句龙；祭稷，则配以周弃焉。”这里的“社”指“五土之神”，“稷”则指“五谷之神”。有祭祀，必定有配享。祭天要主日配月，祭社以句龙配，祭稷则以周弃配。

句龙、周弃为何能配享“五土之神”与“五谷之神”呢？《后汉书·祭祀志》记大儒郑玄说：“古者官有大功，则配食其神。”也就是说，历史人物可充任郊天配祀的角色，通常这个人物是创业垂统的始祖。句龙相传为共工之子，能平水土。《晋书·天文志》载：“弧南六星为天社，昔共工氏之子句龙，能平水土，故祀以配社，其精为星。”周弃则是周部落的先祖，善于种植各种粮食作物，曾在尧舜时代当农官，教民耕种，有功于后世。

由上可知，一方面，陪祭配位实乃古代祭典之常事；另一方面，不仅日、月等自然界的物体可以用来陪祭，句龙、周弃等历史人物亦可行配位之实。

虽有上古礼制可以借鉴，但作为一种弟子从祀于先师之礼，文庙从祀制却又有它自身独特的发展脉络。这种制度的雏形可以上溯到东汉明帝时期。《后汉书》载，东汉永平十五年（公元 72 年），明帝东巡过鲁，祀仲尼及七十二弟子，这是孔门弟子从祀文庙的滥觞。

三国魏正始年间，齐王曹芳通习儒家经典后，派遣太常于辟雍祭祀孔子，同时以颜渊配享。晋宋时期，国学释奠基本沿用此形制，以颜渊配享孔子。孔庙从祀制度自东汉以来渐次形成，基本上形成了以颜回为代表的仲尼七十二弟子从祀体系，奠定了文庙从祀制度的初步基础。

唐代是文庙从祀制度发展的关键时期，在这一阶段整个制度日渐完备，主要表现在以下两个方面。

其一，孔子的“先圣”地位最终确立。唐高祖武德七年(624年),孔子一度降为配享周公,虽然太宗贞观二年(628年）停祭周公，升孔子为先圣，以颜回配享，但孔子先圣的地位并非就此稳固。高宗永徽年间，再次升周公为先圣，降孔子为先师，颜回、左丘明皆降为从祀。直到高宗显庆二年(657年),在太尉长孙无忌、礼部尚书许敬宗的建议下,孔子先圣的地位才得以重新恢复。从此，孔子真正成为文庙奉祀制度的核心。

其二，从祀人物的选取标准得到了进一步完备。贞观二十一年（647年），唐太宗李世民以左丘明、公羊高等二十二位先儒从祀孔庙，但孔门弟子除颜回、子夏外，全都不在从祀之列。这种局面在唐开元八年(720年)得到改变，玄宗李隆基命以“圣门四科”的颜回、子夏等十名弟子从祀孔庙，并图画孔门弟子及二十二贤于庙壁之上，为今后的文庙从祀制度树立了典范，使孔门弟子及儒家圣贤同时从祀文庙成为定制。

四配十二哲

“四配”又称“四公”“四圣”，即兖国复圣公颜回、郕国宗圣公曾参、沂国述圣公孔伋和邹国亚圣公孟轲。在孔庙的受奉祀人中，他们的地位仅次于孔子。他们的塑像分坐于孔子像的两侧：孔子像东为颜回、孔伋，西为曾参、孟轲。早在南宋度宗咸淳三年（1267年），国家规定以四

曲阜孔庙大成殿四配像

配四享。曲阜孔庙则于元成宗大德十一年（1307 年）开始以四配附祀，并沿袭至今。

颜回，字子渊，孔子弟子，终身未仕，一生追随孔子。孔子称赞他“闻一而知十”，“贤哉！回也。一箪食，一瓢饮，在陋巷。人不堪其忧，回也不改其乐”。对于仁德的修养，颜回为最高。

颜回仁德突出，是孔子最得意的学生。故自三国魏正始元年（240 年）祭孔时，首以他为配享，并开配享之例。唐玄宗开元八年（720 年），颜回被封为“亚圣”，开元二十七年（739 年）被封为“亚圣兖国公”，宋大中祥符二年（1009 年）被封为“兖国公”，元至顺元年（1330 年）被改封为“兖国复圣公”，明嘉靖九年（1530 年）改称“复圣”。

曾参，字子舆，孔子弟子。他青壮年时参加农事劳作，生活不太宽裕，为养活父母，到莒国去谋了一个“得粟三秉”的小官；受业于孔子后，学有成就，便开始讲学。父母卒后，他南游楚国，“得尊官焉”。后齐国欲以为相，楚国欲以为令尹，晋国欲以为上卿，他都一概谢绝，而专事研习孔学并授徒，最终成为儒家名师。

唐总章元年（668年），曾参被封赠“太子少保”，唐开元二十七年（739年）被封为“郕伯”，宋正和元年（1111年）被封为“武城侯”，咸淳三年（1265年）被赠“郕国公”，元至顺二年（1331年）被封为“郕国宗圣公”，明嘉靖九年（1530年）改称“宗圣”。

孔伋，字子思，是孔子的孙子。他不到四岁时，孔子就去世了。相传孔伋受业于曾参，曾为鲁缪公师。他一度迁居卫国，又至宋国，晚年才又返回鲁国。他发扬了孔子的“中庸”思想，并使之系统化，成为自己学说的核心。他宣传儒家“诚”的道德，并视之为世界的本原。孔伋颇得孔子思想的真传，一生除授徒外，还致力于著述，儒家经典《中庸》即是他所作。

孔伋是儒家中承前启后的重要人物，他前承孔子，后传孟子。他的思想经门人传给孟子，孟子将其继承并有所发展。宋徽宗崇宁元年（1102年），孔伋被追封为“沂水侯”，南宋咸淳三年加封“沂国公”，元至顺二年（1331年）被封为“沂国述圣公”，明嘉靖九年（1530年）改称“述圣”。

孟子，名轲，战国时期思想家、政治家、教育家。生活在诸侯兼并、战争异常酷烈之时，为“正人心，息邪说，距诐行，放淫辞，以承三圣”，他聚众授徒，历游齐、宋、滕、魏等国；任齐宣王客卿，因其主张不见用，退而授徒、著述。

孟子的思想学说以孔子为旗帜，又深刻全面地继承发展了孔子的思想。因此，孟子被后世的统治者和儒家学者尊奉为仅次于孔子的圣人。两人的思想也在长期的历史过程中糅合为一体，被称为孔孟之道，成为儒家思想学说及中国传统文化的主流与核心。北宋元丰七年（1084年），孟子被封为“邹国公”配享孔子，元代加封“邹国亚圣公”，明嘉靖九年（1530年）改称“亚圣”。

十二哲为闵损（子骞）、冉雍（仲弓）、端木赐（子贡）、仲由（子路）、卜商（子夏）、有若（子若）、冉耕（伯牛）、宰予（子我）、冉求（子有）、言偃（子游）、颛孙师（子张）、朱熹（元晦）。十二哲等级较四配为低。“哲”，即贤哲的意思。唐开元八年（720年），玄宗李隆基命国学祭祀孔子，

孔庙大成殿十二哲像

定十哲配享。后来，宋、清等朝代几经更添，直到清乾隆年间才将十二哲配享固定下来。

闵子骞（前536—前487），闵氏，名损，字子骞，春秋末年鲁国人；生于鲁昭公六年，卒于鲁哀公八年，少孔子十五岁；出身贫寒，后拜师孔子。中年时期父亲亡故，在三年守孝期内，适逢鲁国有战事，他不避时贤之议，遂受召服役，役罢，归而致事。季氏使之为费（今山东费县西北）宰，辞不受命，故终生未仕，直到五十岁时死去。

冉雍（前522—？），冉氏，名雍，字仲弓，春秋末年鲁国人；生于鲁昭公二十年，卒年不详，少孔子二十九岁；出身寒微，早年拜孔子为师，随孔子周游列国。回鲁后的第三年，即鲁哀公十三年（前482年），四十一岁的仲弓当上了季氏的家臣，并曾向孔子问政。

子贡（前520—？），端木氏，名赐，字子贡，春秋末年卫国（今河南省濮阳市）人；生于鲁昭公二十二年，卒年不详，少孔子三十一岁；出身寒微，青年时期即从事商业活动，孔子周游列国至卫，拜孔子为师，后仕于卫，经商于曹、鲁之间，累致千金。公元前479年，孔子逝世，众弟子皆为之服丧三年，唯子贡庐于冢上，历六年方归；后去他国游历，终于齐（今山东省淄博市临淄区）。

子路（前542—前480），仲氏，名由，字子路，又称季路，春秋末年鲁国人；生于鲁襄公三十一年，卒于鲁哀公十五年，少孔子九岁；出身寒微，从师孔子后，先是随孔子在鲁国做官，为鲁国执政者季氏的费邑宰，后又随孔子去鲁至卫，为卫国大夫孔悝的蒲邑（今河南省长垣县）令。鲁哀公十一年（前484年），孔子结束了十四年的周游列

国返鲁，子路则留在卫国，后死于乱中，时年六十三岁。

子夏（前 507—？），卜氏，名商，字子夏。他少孔子四十四岁，约生于公元前 507 年，卒年未详。《史记·仲尼弟子列传》载："子夏居西河教授，为魏文侯师。"魏文侯于公元前 424 年即位，则子夏卒年必于公元前 424 年之后，合享年八十多岁。

有若（前 515—？），字子若。据记载，有若是孔子门下很出色的学生，因为跟孔子相貌气质很像，在孔子逝世后，子夏、子张、子游等人曾推举有若继承孔子的地位，但因为曾子坚决反对而作罢。后不知所终。

冉耕（约前 544—？），字伯牛，春秋末鲁国人。他为人正派，善于待人接物，在孔子弟子中，以德行与颜渊、闵子骞并称。冉耕因恶疾早逝。孔子哀叹其"亡之，命矣夫！"（《论语·雍也》）唐玄宗开元二十七年（739 年），冉耕被追封为"郓侯"，宋大中祥符二年（1009 年）被改封为"东平公"，南宋咸淳三年（1267 年）被改封为"郓公"，明嘉靖九年（1530 年）被改称为"先贤冉子"。

宰予（前 522—前 458），宰氏，名予，字子我，亦称宰我，春秋末年鲁国人；生于鲁昭公二十年，卒于周定王十一年，少孔子二十九岁。家世及生平事迹不详，据史书记载，他自始至终跟随孔子周游列国，孔子曾多次派他出使齐、楚等国。

冉求（前 522—？），冉氏，名求，字子有，亦称冉有，春秋末年鲁国人；生于鲁昭公二十年，卒年不详，少孔子二十九岁。他出身寒微，青年时期曾做过季氏的家臣，并拜孔子为师，后随孔子周游列国。

子游（前 506—？），言氏，名偃，字子游。据《史记·仲尼弟子列传》云："少孔子四十五岁。"卒年不详。

子张（前 503—？），即颛孙师，字子张，春秋末陈国阳城（今河南省登封市）人。他出身微贱，且犯过罪行，后经孔子教育而成为"显士"；虽学干禄，未尝从政，以教授终。孔子死后，他独立招收弟子，宣扬儒家学说，是"子张之儒"的创始人。子张之儒列儒家八派之首。

朱熹（1130—1200），字元晦，一字仲晦，号晦庵、晦翁、考亭先生、云谷老人、沧州病叟、逆翁，汉族，南宋江南东路徽州府婺源县（今江西省婺源县）人；南宋著名的理学家、思想家、哲学家、教育家、诗人，闽学派的代表人物，世称朱子，是孔子、孟子之后最杰出的弘扬儒学的大师。他十九岁进士及第，曾任荆湖南路安抚使，仕至宝文阁待制；为政期间，申敕令，惩奸吏，政绩显著。

孔庙两庑配享贤儒

孔庙两庑配享的贤儒大都是后世儒家学派中的著名人物，如董仲舒、韩愈、王阳明等等。唐朝仅有二十余人，经过历代增添更换，到民国时期达到一百五十六人。

一、孔庙东庑奉祀的先贤先儒

先　贤

蘧　瑗　字伯玉，卫国人，事灵公，称贤大夫。

澹台灭明　孔子门人，字子羽，鲁国人。

原　宪　孔子门人，字子思，宋国人。

曲阜孔庙两庑奉祀的先贤先儒

南宫适　孔子门人，字子容，鲁国人，孔子以兄之女妻之。

商　瞿　孔子门人，字子木，鲁国人，孔子以易传。

漆雕开　孔子门人，字子若，蔡国人。

司马耕　孔子门人，字子牛，宋国人。

梁　鳣　孔子门人，字叔鱼，齐国人。

冉　儒　孔子门人，字子鲁，鲁国人。

伯　虔　孔子门人，字子析，鲁国人。

冉　季　孔子门人，字子产，鲁国人。

漆雕徒父　孔子门人，又名文，字子期，鲁国人。

漆雕哆　孔子门人，字子敛，鲁国人。

公西赤　孔子门人，字子华，鲁国人。

任不齐　孔子门人，字子选，鲁国人。

公良孺　孔子门人，字子正，陈国人。

公肩定　孔子门人，字子中，鲁国人。

鄡　单　孔子门人，字子家，鲁国人。

罕父黑　孔子门人，字子索，鲁国人。

荣　旗　孔子门人，字子祺，鲁国人。

左人郢　孔子门人，字子行，鲁国人。

郑　国　孔子门人，字子徒，鲁国人。

原　亢　孔子门人，字子籍，鲁国人。

廉　洁　孔子门人，字子庸，卫国人。

叔仲会　孔子门人，字子期，鲁国人。

公西舆如　孔子门人，字子之，鲁国人。

邦　巽　孔子门人，字子敛，鲁国人。

陈　亢　孔子门人，字子禽，陈国人。

琴　张　孔子门人，字子开，卫国人。

步叔乘　孔子门人，字子车，齐国人。

秦　非　孔子门人，字子之，鲁国人。

颜　哙　孔子门人，字子声，鲁国人。

颜　何　孔子门人，字子冉，鲁国人。

县　亶　孔子门人，字子象，鲁国人。

乐正克　孟子门人，邹国人，在鲁为政。

万　章　孟子门人，邹国人，佐孟子著作七篇。

周敦颐　字茂叔，宋代人，号濂溪先生。

程　颢　字伯淳，宋代人，号明道先生。

邵　雍　字尧夫，宋代人，号安乐先生。

先　儒

韩　愈　字退之，唐代人。

范仲淹　字希文，宋代人。
胡　瑗　字翼之，宋代人。
韩　琦　字稚圭，宋代人。
杨　时　字中立，宋代人。
罗从彦　字仲素，宋代人。
李　纲　字伯纪，宋代人。
李　侗　字愿中，宋代人。
张　栻　字敬夫，宋代人。
黄　干　字直卿，宋代人。
辅　广　字汉卿，宋代人。
真德秀　字希元，宋代人。
何　基　字子恭，宋代人。
文天祥　字履善，宋代人。
赵　复　字仁甫，宋代人。
吴　澄　字幼清，元代人。
许　谦　字益之，号白云先生，元代人。
曹　端　字正夫，明代人。
王守仁　字伯安，世称阳明先生，明代人。
薛　瑄　字德温，明代人。
罗钦顺　字允升，明代人。
吕　柟　字仲木，号泾野，明代人。
黄道周　字幼平，明代人，明末殉节。
陆世仪　字道威，号桴亭，明亡隐逸不仕。
顾炎武　字宁人，明代人。
汤　斌　字孔伯，清代人。
穀梁赤　字符始，周代人，著《穀梁传》。

伏　胜　字子贱，秦之“博士”。

毛　亨　汉代人，以诗学授《毛苌》。

后　苍　字近君，汉代人，传《礼记》于戴德、戴圣。

刘　德　汉景帝之子，封河间王。

许　慎　字叔重，汉代人，著《说文解字》。

董仲舒　汉代人。

杜子春　东汉人。

范　宁　字武子，晋代人。

二、孔庙西庑奉祀的先贤先儒

先　贤

公孙侨　字子产，仕郑为大夫。

林　放　字子邱，鲁国人，问礼于孔子。

宓不齐　孔子门人，字子贱，鲁国人。

公冶长　孔子门人，字子长，鲁国人，孔子以其女妻之。

公皙哀　孔子门人，字季次，齐国人。

高　柴　孔子门人，字子羔，卫国人。

樊　须　孔子门人，字子迟，鲁国人。

商　泽　孔子门人，字子季，齐国人。

巫马施　孔子门人，字子期，鲁国人。

颜　辛　孔子门人，字子柳，鲁国人。

曹　恤　孔子门人，字子循，蔡国人。

公孙龙　孔子门人，字子石，楚国人。

秦　商　孔子门人，字子不，鲁国人。

颜　高　孔子门人，字子骄，鲁国人。

壤驷赤　孔子门人，字子徒，秦国人。

石作蜀　孔子门人，字子明，秦国人。

公夏首　孔子门人，字子乘，鲁国人。

后　处　孔子门人，字子里，齐国人。

奚容蒧　孔子门人，字子哲，鲁国人。

颜　祖　孔子门人，字子商，鲁国人。

勾井疆　孔子门人，字子疆，卫国人。

秦　祖　孔子门人，字子南，秦国人。

县　成　孔子门人，字子祺，鲁国人。

公祖句兹　孔子门人，字子之，鲁国人。

燕　伋　孔子门人，字子思，鲁国人。

乐　欬　孔子门人，字子声，鲁国人。

狄　黑　孔子门人，字子哲，鲁国人。

孔　忠　孔子门人，孔子兄孟皮之子。

公西蒧　孔子门人，字子尚，鲁国人。

颜之仆　孔子门人，字子叔，鲁国人。

施之常　孔子门人，字子恒，鲁国人。

申　枨　孔子门人，字子周，鲁国人。

左丘明　鲁国人，作《左传》。

秦　冉　孔子门人，字子开，蔡国人。

牧　皮　孔子门人，鲁国人。

公都子　孟子门人，鲁国人。

公孙丑　孟子门人，齐国人。

张　载　字子原，宋代人，号横渠先生。

程　颐　字正叔，宋代人，号伊川先生。

先　儒

公羊高　子夏门人，齐国人，著《公羊传》。

孔安国　孔子十一世孙，汉代人。
毛　苌　字长生，汉代人，著《毛诗》。
高堂生　字子伯，汉代人。
郑　玄　字康成，汉代人。
诸葛亮　字孔明，三国时人。
王　通　字子淹，隋朝人。
陆　贽　字敬舆，唐代人。
司马光　字君实，宋代人。
谢良佐　字显道，宋代人。
欧阳修　字永叔，宋代人。
胡安国　字康侯，宋代人。
尹　焞　字彦明，宋代人。
吕祖谦　字作恭，宋代人。
袁　燮　明代人。
蔡　沈　字仲默，宋代人。
陆九渊　字子静，宋代人。
陈　淳　字安卿，宋代人。
魏了翁　字华甫，宋代人。
王　柏　字会元，宋代人。
陆秀夫　字君实，宋代人。
许　衡　字仲平，元代人。
金履祥　字吉甫，元代人。
王夫之　字而农，明末清初人。
陈　澔　字大可，元代人。
陈献章　字公甫，明代人。
胡居仁　字叔心，明代人。

蔡　清　字介夫，明代人。

刘宗周　字起东，明代人。

吕　坤　字叔简，明代人。

孙奇逢　字启泰，明代人。

黄宗羲　字太冲，明代人。

张履祥　字考夫，明代人。

陆陇其　字稼书，清代人。

张伯行　字考先，清代人。

孔庙的功能与价值

在中国两千多年的文化融合中，孔庙已成为中华民族文化的象征，它的功能已经远远超出了纪念性建筑的含义，它的存在体现了儒学在中国传统文化中的主流地位。

孔庙自始建以来，对中国社会的发展产生了重大而深远的影响。其集历史、建筑、雕刻、绘画、书法等于一体的建筑群时间久远，不仅是历代王朝尊儒祭孔活动的历史见证，也是体现中国优秀传统文化的载体，更是劳动人民智慧的结晶。仅从曲阜孔庙我们便足以感受其特有的文化传承与教化功能，领略其无可比拟的艺术价值。

一、文化传承与教化功能

从孔庙的发展史我们可以看出中华文化传承的轨迹。自北朝开始，全国有关郡县设立文庙学宫，文庙学宫从此有了“学校”的功能。这一重要功能对隋唐以来的科举制度起到了承前启后的作用。尤其从唐代至清末，庙学不分，

河南汝州学宫——启圣宫

规制有前庙后学、左庙右学、左学右庙，还有中庙左右学、中庙周学等。历代儒士文人在庙学合一的体制中接受儒学的熏陶，尊经读经，成为教育的重要内容。这种体制为各个时期培养了不同层次的学人。

在与学校的关系上，曲阜孔庙与其他孔庙有较大的不同。曲阜孔庙早期也采用庙学合一的形制，但它是孔子的本庙，由孔子嫡孙奉祀，有家庙的性质；学校多收宗人，有私学的性质，不同于其他庙学的“因学设庙”之制。学校“因庙而设”，仅是庙的附属，后来学校改为官学，设学录，以比国子监，并增收颜子、曾子、孟子子孙；虽有如此不同，但在文化传承中所起的作用却是同样重要的。

隋唐以后，儒学得到长足的发展，并逐渐发展成了中华民族传统文化的主干，孔庙则是这一文化的重要载体，表现之一便是孔庙祭祀。曲阜孔庙自汉代起一直由孔子嫡孙奉祀，祭祀活动异常频繁，明清时期每年要祭四十多次，在大成殿进行释奠、释菜、行香等国家礼制祭祀活动。孔庙祭列入国家祀典，目的在于推行教化，即“庙以崇先圣，学以明人伦”。祀孔追求的是理想化的礼制秩序，建立有序社会，实现专制统治，所谓“孔子以道设教，天下祀之，非祀其人，祀其教也，祀其道也”。

二、艺术价值

作为中国现存三大古建筑群之一，曲阜孔庙的建筑主体部分前后九进院落，中贯轴线，左右对称，布局严谨，气势雄伟。前三进只有一些规模较小的门坊，为引导性庭院，院内遍植蓊郁蔽日的桧柏，创造了一种肃穆庄严的气氛，笔直如矢的甬道在高耸挺拔的苍翠古树间穿行而过，身处其间，既使人感受到孔庙悠久的历史，又烘托出孔子深奥的思想。“金声玉振”“太和元气”“德侔天地”“道冠古今”“棂星”“至圣”“圣时”“弘道”“大中”等金、红、绿色醒目额、匾高悬在座座门坊上，极力赞扬孔子思想的高深，歌颂孔子的功绩，让人心中油然而生崇拜敬仰之情。第四进庭院以后，红墙绿树相映，建筑多为黄瓦，喻示着孔子思想的博大高深和他的丰功伟绩。孔庙的整体布局是非常成功的。

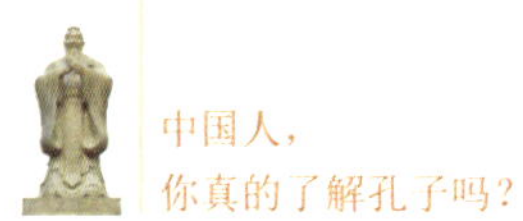

曲阜孔庙泮水桥和棂星门

曲阜孔庙金声玉振坊

孔庙里的雕刻是中国石雕艺术的上品。大成殿的石檐柱最有代表性，檐柱均以整石刻成，高约六米，前檐十根为高浮雕，直径八十厘米，两山及后檐十八根为减地平钑，直径七十五厘米。减地平钑刻小幅团龙，石柱八面，每面九条，每柱七十二条，并衬以云朵。高浮雕龙二龙戏珠，一为升龙，一为降龙，上下对翔，盘绕升腾。龙身周围遍刻云朵，柱下端刻波涛山石，二龙宛如腾海升空，穿云飞翔。十根龙柱图案各具特色，两两相对，无一雷同。龙姿栩栩如生，造型优美生动，刀法刚劲有力，雕刻玲珑剔透，是我国罕见的石刻艺术品。

随着时间推移和朝代更替，各地孔庙在建立、修缮、祭祀过程中留下了许多碑刻和匾额，具有较高的艺术价值。据统计，曲阜孔庙存有西汉以来历代碑刻一千一百七十二通，包括祀孔碑、谒孔碑、修建孔庙碑、功德碑等等。其中石碑二百四十二通（从庙外移入二十通），刻石二百一十八块（从庙外移入二十二块），圣迹图及孔子画像石刻（均有文字）一百二十八块，玉虹楼法帖五百八十四块，其中史料价值最高的是历代朝廷刻立修建、祭祀等记事碑，而书法艺术方面尤以汉魏碑刻驰名中外。这些碑刻具有重要的历史艺术价值，既有助于研究历代王朝政治、思想、文化、经济，也有助于研究书法和石雕等艺术。

祭祀孔子的历史过程中，还形成了独具一格的乐舞艺术。祭孔乐舞的内容以颂扬孔子生前的业绩为主，是乐、歌、舞三位一体的综合艺术。其乐源于孔子所推崇的“韶”，舞源自“夏”，诗来自隋代牛弘、蔡徵的创作。乐曲八音齐全、

曲阜孔庙大成殿的雕龙石柱

曲阜孔庙院内东侧的碑林

孔庙祭孔大典

古朴纯正、典雅悠扬、金声玉振。舞生三十六人左手执籥，以籥为舞具，取吹之器以立声之意；右手执羽，秉羽则取饰物以立容之意。预备姿势为双手在胸前相交。一个舞蹈造型，代表一个字。歌生唱完一句歌词，乐曲奏毕一节，舞生正好完成一组动作，舞姿刚劲舒展，具有雕塑之美。乐生共四十五人，演奏的乐器有古筝、古琴、笙、笛、箫，以及早已在舞台上消失的乐器，如篪、埙、柷、敔、编钟、编磬等等。祭孔礼仪过程与乐舞相结合，形成了独具一格的国学祭孔特色，给人以崇高的艺术享受。主祭官、陪祭官、执事官、乐生、舞生、歌生百余人参加，场面宏大，古朴娴静。

另外，孔庙具有较高的史学价值。在中国两千多年的发展历程中，孔庙留下了丰富的遗存和资料。通过对孔庙建筑与祭孔活动兴衰历史的研究，我们可以充分了解中国历朝历代政治、经济发展的状况，对儒家乃至中国古代思想文化的演变进行深入的探讨。

太学与国子监

太学　中国古代的大学。太学之名始于西周。上古的太学称为成均、上庠。太学在夏为东序，在殷为右学，在周有东胶，而周朝又曾设五太学：东为东序，西为瞽宗，南为成均，北为上庠，中为辟雍。到了汉代，在京师设太学，为中央官学、最高学府。

汉代讲经画像砖

汉武帝元朔五年（前 124 年）在长安设太学。太学之中由“博士”任教授，初设“五经博士”专门讲授儒家经典《诗》《书》《礼》《易》《春秋》。汉宣帝时博士增至十二人，王莽当政时又增至三十人。学生称为“博士弟子”或“太学弟子”，太学初建时为五十人，汉昭帝时增至一百人，王莽当政时增至一万人。博士弟子有免除赋役的特权内由太常负责选择，外由郡国察举。汉武帝还下令天下郡国设立学校官，初步建立起地方教育系统。太学和郡国学主要用于培养国家官员，但是在传播文化方面也起到了重要作用。

国子监　或称国子学，是中国古代封建社会的教育管理机关和最高学府。相对于太学而言，国子监除了是国家传授经义的最高学府，还承担着国家教育管理的职能。“学”与“监”具有的不同含义，说明了二者在承担两种功能上

北京国子监的琉璃牌坊

的不同分工：“学”是传授知识，指向教育和最高学府的功能；“监”是督查监管，指向国家教育管理的功能。

隋朝以后，中央官学为教育体系中的最高学府，又称国子学或国子寺。北宋时期，除了在东京设置国子监，还在陪都西京（今河南省洛阳市）、南京（今河南省商丘市）、北京（今河北省大名县）陆续设置了国子监。

明朝时期行使双京制，在南京和北京都设有国子监。设在南京的国子监被称为“南监”或“南雍”，设在北京的国子监被称为“北监”或“北雍”。南京国子监始建于东吴永安元年（258 年），规模宏大，延袤十里，灯火相辉，盛况空前。当时邻邦高丽、日本、琉球、暹罗等国“向慕文教”，不断派留学生到南京国子监学习。北京国子监始建于元朝

北京国子监内的辟雍

大德十年（1306 年），是我国元、明、清三代国家管理教育的最高行政机关，也是国家设立的最高学府。

1898 年，作为清末戊戌变法的新政措施之一，中国近代最早的国立综合性大学——京师大学堂成立。1906 年，国家又设立了学部作为全国的最高教育行政机构。国子监的功能分别被这两个机构所代替。

中国孔庙

济南府学文庙　在全国已知的文庙中，除了山东曲阜孔庙、江西萍乡文庙、南京六合文庙、苏州文庙，其他文庙的始建年代都晚于济南府学文庙。据史料记载，济南

济南府学文庙

府学文庙原为一组庞大的建筑群，总长二百四十七米，宽六十六米。整个建筑群沿着一条中轴线对称展开。从保存下来的影壁、南门、泮池和大成殿四座建（构）筑物上，仍然依稀可见其当年的气势。

济南府学文庙从南到北，依次为南门、棂星门、大小泮池、屏门、戟门（俗称大成门）、大成殿、东西廊庑、明伦堂、尊经阁等主要建筑。南门内侧有“中规中矩亭”分列东西，其造型一方一圆，寓意是“没有规矩不成方圆”，告诫儒家学子做学问要有一种严谨的态度。整个济南府学文庙不像其他文庙那样呈正南正北朝向，而是呈曲线状，这在其他文庙中比较少见，可能和初建时的地理环境有关。

济南府学文庙中的泮池很是独特，不仅有大泮池，还有小泮池。泮池内不仅有水，水还是能流动的泉水。泉水由南面的芙蓉街流过来，经明渠暗道流入大小泮池，然后经玉带河流到曲水亭，再汇入大明湖。这一极为罕见的特点充分说明了历史上的济南水系发达，体现了其作为“泉城”的一大特色。

提及济南府学文庙，最让人津津乐道的是其“三宝”。

一是龙石，又叫“龟石”，现存放于趵突泉公园内。据说，此石是六七百年前遗留下来的太湖石，曾为元代政治家、文学家张养浩所收藏，后来在济南府学文庙中被发现。二十世纪五十年代，趵突泉公园建成开放时，此石被移到公园内存放、展示，因其有秀、瘦、透、漏、皱的特点，堪称济南“第一名石”。

二是屏门。1952 年，因大明湖公园建设的需要，有关部门将位于济南府学文庙古建筑群当中的屏门移至大明湖公园南门安置，成为一个具有地标特色的大门。2005 年修复文庙过程中，专业人员发现原屏门的柱础未被移走，便依照柱础的布局、形式，参考现大明湖南门牌坊，设计重建了屏门。

三是铁牛山。古代济南民间一直有"三山不显出高官，四门不对出王（皇）位"的说法。其中，"三山"分别是指已消失多年的历山、灰山和铁牛山。2005 年，铁牛山在万众瞩目中出土。这头长一百五十厘米、宽约六十厘米、高约五十厘米的"铁牛"现在就"俯卧"在济南府学文庙院内。

台南孔庙　建于明永历十九年（1665 年），是台湾地区历史最悠久的文庙，也是郑成功收复台湾后建立的第一所高等学府。此前台湾没有任何比较正规的文化教育设施，

台南孔庙

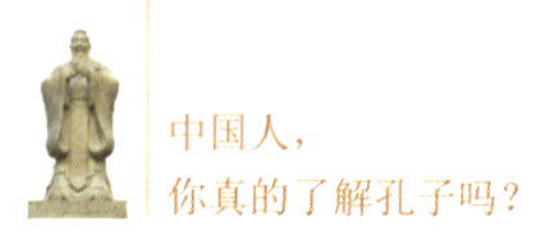

而此学原为台湾府学，因此有“全台首学”之称。台南孔庙的建立标志着儒学正式进入了台湾，成为台湾教育发展史上一个重要的里程碑。

台南孔庙占地九千零七平方米，坐北朝南，恢宏庄严，为闽南式建筑。整组建筑以大成殿为中心，殿前有露台，露台前有棂星门，门东西两旁设有名宦祠、乡贤祠、孝子祠、节孝祠。东侧建有明伦堂，堂后起文昌阁。每年农历九月二十八日，台南民众都会聚集到孔庙，按古制举行盛大的祭孔典礼，以纪念孔子诞辰。

北京孔庙　位于北京市东城区国子监街，占地两万两千多平方米；以大成殿为中心，中轴线为南北走向，三进院落，建筑左右对称。主体建筑依次为先师门、大成门、大成殿、崇圣祠。作为元、明、清三朝皇帝举行国家祭孔

北京孔庙

的场所，北京孔庙在全国的孔庙中规格最高。

元世祖忽必烈定都北京以后，为了加强统一，下令沿袭历代旧典，建宣圣庙，祭祀孔子。据《元史·哈剌哈孙传》载："京师久阙孔子庙，而国学寓他署，乃奏建'庙学'。"大德六年（1302 年）在今址建庙，历四年而成，西邻国子监（又称"太学"），构成左庙右学规制。

北京孔庙经历代多次扩建修葺，至民国五年（1916 年）最终竣工，遂形成北京孔庙现今的规模和布局，成为仅次于山东曲阜孔庙的全国第二大孔庙。1988 年，北京孔庙被公布为全国重点文物保护单位。

尼山孔庙　位于山东省曲阜市东南的尼山东南麓，历史上亦称"尼山书院"，是在孔子出生地起建的纪念性建筑群。尼山孔庙始建于北魏，原为奉祀孔子父亲叔梁纥的

尼山孔庙

庙宇，五代后周显德年间（954—959），因尼山为孔子诞生地，始建庙宇，主祀孔子。尼山孔庙于宋、金、元、明、清均曾扩建重修，清道光二十九年（1849年）形成现存规模，后又多次重修。

尼山孔庙现有殿、堂、门、亭等建筑二十七座八十一间，分东、中、西三区。中区有大成殿、寝殿、两庑；东区有讲堂、土地祠；西区有启圣王殿、启圣王寝殿和毓圣侯祠。整个建筑群占地一万六千平方米。尼山孔庙1977年被公布为省级重点文物保护单位，2006年被公布为全国重点文物保护单位。

衢州孔庙 位于浙江省衢州市新桥街，是南宗的孔氏家庙。北宋末年，金兵南侵，宋高宗赵构南渡建都于临安。孔子第四十八代衍圣公孔端友，背负着孔子和亓官夫人的楷木像从山东曲阜南迁至衢州，建立了孔氏家庙。从此以后，衢州也就被孔氏称为“第二圣地”。

衢州孔庙

衢州孔庙始建于宋宝祐元年（1253年），明正德十五年（1520年）迁于现址，占地约二十亩，基本上是按照山东曲阜孔庙的规模规划建造。建筑占地面积约一万三千九百平方米，分为孔庙、孔府及后花园三部分。整个建筑群坐北朝南，平面呈纵长形，以三条轴线布局：东轴线上有孔塾、崇圣门、崇圣祠、圣泽楼等建筑，中轴线上有孔庙大门、大成门、甬道、大成殿、东西庑等建筑，西轴线上有五支祠、袭封祠、六代公爵祠、思鲁阁等建筑。西轴线稍西为世袭博士署，即孔府的奉祀官府。七百多年来，衢州孔庙经三迁三建，并经历代十余次修葺，至今仍保留有宋代的建筑形制和规模，现为全国重点文物保护单位。

南京夫子庙 位于秦淮河北岸，原是江宁县和上元县的学校文庙；始建于宋景佑元年（1034年），是就东晋学宫旧址扩建而成。它以大成殿为中心，南北成一轴线，左右建筑对称，占地约两万六千三百平方米。

南京夫子庙

南京夫子庙是前庙后学的布局。孔庙、学宫与东侧的贡院组成三大文教古建筑群。夫子庙的大照壁位于秦淮河南岸，建于明万历三年（1575年），全长一百一十米，气势磅礴，为中国照壁之最。夫子庙凿秦淮河为泮池，是唯一利用天然河道作为泮池的遗例。岸北为石栏，有“天下文枢”牌坊，游人至此可凭栏小憩，浏览秦淮河风光。

建水文庙 位于云南省红河哈尼族彝族自治州西北部的建水县城内，始建于元朝至元二十二年（1285年），至今已有七百多年的历史；经历代五十多次扩建增修，占地面积已达到七万六千平方米，其现存规模、建筑水平和保存完好程度均在全国大型文庙中名列前茅。建水文庙依照曲阜孔庙的风格规制制造，采用南北中轴线对称的宫殿式，东西两侧对称布置多个单体建筑，有一池、一殿、一阁、二庑、

建水文庙

三堂、三亭、

五门、六祠、八坊等共三十七个。整个建筑群宏伟壮丽，结构严谨，给人以庄严肃穆之感。建水文庙为建水这个国家级历史文化名城增添了极其丰富的传统文化内涵。2001年，建水文庙被公布为全国重点文物保护单位。

海丰文庙　位于广东省海丰县人民南路的“红宫”，是一处闻名海内外的革命圣地。此处原是明清时期的县文庙——海丰学宫，其颇具规模的古建筑群有着典型的明、清学宫建筑风格。民国初年，海丰学宫改为“海丰通俗图书馆”。1927年10月，海丰人民在中共东江特委和彭湃同志的领导下，在八一南昌起义部队红二师的配合下，举行第三次武装起义，夺取了政权；同年11月18日至21日，在这里隆重召开了海丰县工农兵代表大会。大会会场四周和街道墙壁都被粉刷为红色，会场内用红布覆盖墙壁，贴上了标语。大会上，彭湃做了报告，并且大会决定把学宫改称为红宫。此后，革命政权的很多重要会议都在这里召开，红宫成了革命的摇篮。1961年，国务院将红宫列为首批全国重点文物保护单位。

海丰文庙历经岁月沧桑，部分建筑物如“尊经阁”“土地祠”“明伦堂”等已倒塌，现存建筑有棂星门、大成殿等等，拱桥碧水，玉带回绕，宫墙内外，严翼森峨，仍不失恢宏庄严之美。

宁远文庙　位于湖南省宁远县舜陵镇，始建于宋乾德三年（965年），明、清两代历次重修，最后一次重修于清同治十二年（1873年）至光绪八年（1882年）进行，历时十载方完工。重修后的文庙占地七千平方米，整座建筑

海丰文庙

宁远文庙

结构严谨、规模庞大、造型精美，给人以古朴、庄重、雄伟之感，体现了我国古代建筑艺术的独特风格。如今人们走进宁远文庙大门，展现在眼前的是一个宽广的庭院，草茂花繁，飞红滴翠，宛如一座花园。庭院的前端有一泮池，形若半月，全为条石构成。池内种有荷花，亭亭如盖，生趣盎然。1996年，宁远文庙被公布为全国重点文物保护单位。

上海文庙 始建于元至元二十八年（1291年），位于上海市学宫街。清咸丰三年（1853年）上海小刀会起义，在文庙设指挥部。清军攻陷上海县城时，文庙被炮火所毁。清咸丰五年（1855年），文庙在现址重建，占地十七亩，内有棂星门、泮池、三顶桥、大成殿、崇圣祠、明伦堂、尊经阁、魁星阁等建筑，有放生池、荷花池等景点，隙地遍种花木。新中国成立以后，人民政府拨款重修上海文庙，并将其列为文物保护单位。“文革”期间文庙遭到严重破坏，改革开放以后，政府拨款修葺和重建了包括文庙在内的一批建筑和景点，上海文庙初步恢复了原貌。2002年4月27日，上海文庙被公布为上海市文物保护单位。

徐州文庙 位于江苏省徐州市第二中学校园内，始建于宋代，元代毁于战火，明清两代多次毁于黄河泛滥并多次重建。原文庙格局完整，按朝廷对地方孔庙要求而建，“地址之恢，黉学之状，视旧宫有侈焉”。建筑群共分三路五进庭院，贯穿于南北中轴线上，占地约为两万平方米，由南向北依次为影壁、棂星门、大成门、大成殿、明伦堂、尊经阁，大成门前为泮池，左右为配殿，东南角为魁星楼。这组建筑一直保存到“文革”前，现仅存大成门、大成殿。

韩城文庙 位于陕西省韩城市金城区东学巷东端北侧。

上海文庙

徐州文庙

韩城文庙

始建于元代，后毁于战火，明洪武四年（1371年）在元代旧址上重建，为前庙后学格局，此后又多有修缮。韩城文庙坐北朝南，不设南门，共有四进院落。主要建筑有照壁、棂星门、泮池、戟门、大成殿、正谊明道门、明伦堂、尊经阁等，分布在一条南北长二百米的中轴线上。轴线两侧设有牌楼、致斋所、更衣室、碑楼、碑亭、东西庑、东西碑林、掌酒司、典库司、东西书斋等建筑。庙东西还有名宦祠、文昌阁等附属建筑，并与庙内相通。此庙是研究明初地方文庙建筑的范例，2001年被公布为全国重点文物保护单位。

海外孔庙

越南河内文庙　位于越南河内还剑湖西侧，是越南黎王朝的祭孔庙宇和国子监。越南黎朝的开国君主以孔孟之

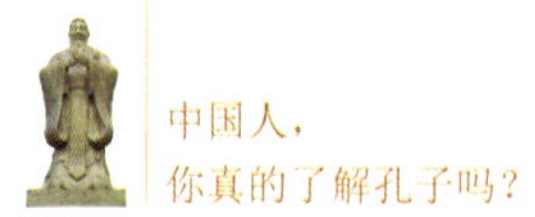

道治国，于1010年下诏把安南国都从花芦迁到升龙（河内），并于城内建文庙祭祀孔子，教化臣民。1070年，文庙建成。《大越史记全书》载："庚戌年，李朝圣宗皇帝神武二年（1070年）八月秋建文庙，立孔子、周公及四配塑像，画七十二贤肖像，四季供祭，并让皇太子前来学习。"文庙建成后，又于1076年在文庙旁建成国子监，后人将其扩建并改名为"国学院"。

河内文庙坐北朝南，占地两万六千多平方米，当时系仿照山东曲阜孔庙修建，所以布局上与中国的文庙大致相同：棂星门、奎星阁、泮池、大成殿等建筑一样不少。河内文庙前后共五进庭院，代表中国文化中的"水、木、金、火、土"五行，以及"仁、义、礼、智、信"五德。这是一组典型的中国式建筑群。

越南河内文庙牌坊

日本足利学校　位于日本栃木县足利市，是日本最古老的学校。其创建年代不详，有奈良时代国学遗制说、平安时代小野篁创立说和镰仓时代足利义兼创立说。

足利学校自室町时代开始走向兴隆，明代的郑舜功在《日本一鉴》一书中对它也有记载，可见它当时已驰名天下。日本幕府时代，幕府将军德川家康曾修葺其校舍，安置孔子圣像，刊行书籍，足利学校日益兴盛。

明治元年（1868 年），日本废藩置县，足利学校被迫关闭，圣庙及附属的古籍、器物等被悉数交由栃木县政府管理。这些古籍中，有日后成为“国宝”的《文选》《周易注疏》《尚书正义》《礼记正义》四种七十七册宋刊本，以及《周易传》《周易》《古文孝经》《附释音毛诗注疏》《附释音春秋左传注疏》《论语义疏》《周礼》和《唐书》

日本足利学校

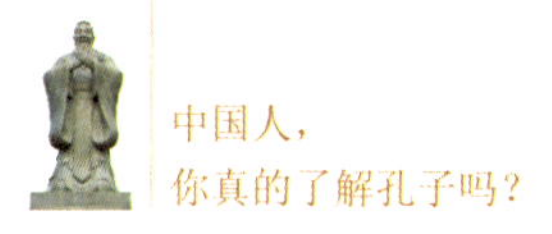

八种九十八册汉籍。

现存圣堂是宽文八年（1668年）建造的，堂内奉祀孔子木雕像。

现在的足利学校重建于1990年，采用右庙左学的形制，其大门称为“入德门”，中门为“学校门”，门楣上“学校”二字系明代大儒蒋龙溪的手笔，最后一门为“杏坛门”。穿过杏坛门即为大成殿，建筑风格模仿明代庙宇，简洁明快。殿堂正面龛座内供奉着木雕孔子坐像，其左侧为颜子、曾子，右侧为子思、孟子，皆为木雕像。现在每年的11月23日，人们都会在这里举行祭祀活动。

长崎孔子庙 坐落于长崎市大浦町32番地，据推测始建于明治二十六年（1893年），占地面积为三千三百平方米。长崎是日本华侨的发祥地，长崎华侨以同乡人为基础，集资分别建造了兴福寺、富济寺、崇福寺、圣福寺四大佛教寺庙，以庙寺为中心，联合本帮华侨实行自治，并通过佛教寻求自己文化的根。此后，为跨越“乡帮”这一华侨社会特有的地缘团体关系，实现华侨大团结，在清王朝驻长崎领事馆的建议下，由各大乡帮（主要是由三帮）组织平均分担出资，兴建了这座跨越地缘关系的庙宇。

长崎孔子庙的正殿为大成殿，殿内供奉着孔子像，大成殿后侧有崇圣殿，供奉着孔子的父亲叔梁纥和祖先五代的灵牌。前有大成门、泮池、棂星门和照壁，是纯粹的中国式闽南建筑。

长崎孔子庙地处大浦地区的中枢。这里并非华侨聚集的中心，在非华侨聚集地建造孔子庙，是当时在困境中奋发向上的长崎华侨又一智慧的创举。不久，孔子庙大浦町

长崎孔子庙

32番地一角就聚居了很多华侨，孔子庙成了长崎华侨追寻中国文化和团结一致的据点。

长崎孔子庙是日本华侨社会的产物，在时代的风雨中肩负起一个又一个历史赋予它的使命，它是长崎华侨和全日本华侨的骄傲。现在长崎孔子庙是中华人民共和国的财产。

印尼泗水文昌祠 位于印度尼西亚爪哇市。印度尼西亚是南洋诸国中最早建造祭祀孔子建筑的国家。1882年，印尼华人为坚持民族文化传统，反抗荷兰官方商业机构对华人的歧视，在爪哇的泗水发起建造了文昌祠。文昌祠建筑用地约为五百平方米，由玛腰郑文家捐助，吴德利、罗敦雄等发起筹建。

十九世纪末，在庆孔诞、建孔庙的高潮中，泗水文昌祠被改为孔子庙。1904年，康有为前往泗水孔子庙参拜，他一方面称赞庙宇的富丽堂皇，一方面又为其偏处深巷而遗憾，建议将庙宇迁至路侧。

1906年，文庙的管理者动员甲比丹郑泰兴拆除了文庙前面临街的六栋房屋，捐地新建文庙。原来的文昌祠被改

泗水文昌祠

作学校，后来又被改作中华会馆。竣工后，郑泰兴和李孝养分别撰文记成。郑文中记载：

> 此今文庙筑新，又旧浅隘，偏居僻巷，户家蔽前，违人目的。由此绅商会议改良，筹款重兴。
>
> 文庙董事等员好善不倦，向余劝捐，增地扩张，余亦欣然季诺。泗邑绅商见义勇为，同心协力，解囊捐助。集腋成裘，建成大宇，兼兴学校。重要教育，爱我华人，渐进文明，去邪归正，大良风气，使之将来后生进步，人才持色，如斯有望华族之幸福也。

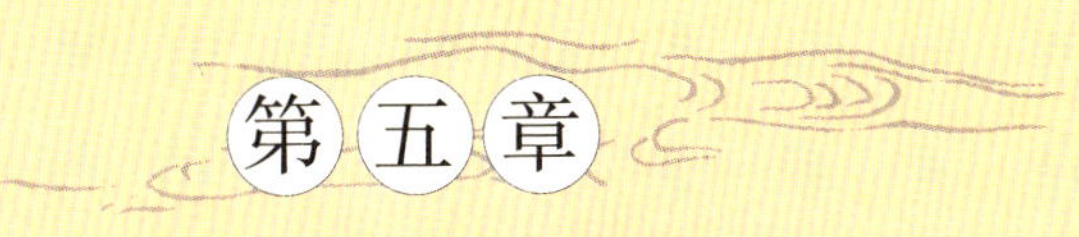

第五章

第一家族

——世界上最为完整的家族

孔子的祖籍

关于自己的老家，孔子说得非常清楚："丘也，殷人也。"（《礼记·檀弓》）

河南省商丘市是孔子的祖籍，四千年到一万年以前，商族部落为了防止水患，居住在较高的丘、墟之地，所以叫商丘。史书记载，黄帝轩辕氏的曾孙帝喾高辛氏都于亳（今河南省商丘市）。帝喾代替高辛氏为天子以后，把他的儿子契封于商丘，是为商族部落的首领。

相传契是其母简狄吞玄鸟（燕子）蛋而生。《史记·殷本纪》载，简狄"有娀氏女之女，为帝喾次妃"。简狄吞玄鸟蛋而生契，因而契的父系氏族是以玄鸟为图腾的子姓氏族。

当时，商和夏两个部落同时并存。部落之间形成广泛联盟，契帮助夏禹治水有功，帝喾把他封为司徒（官名），司徒契是殷商的始祖。尔后，原始社会的"禅让"被奴隶社会的"家天下"所代替。夏禹王传子以后，居住在商丘一带的商族就成了夏王朝的臣属。

商丘一带，古时统称亳地。商汤始居南亳（今河南省商丘市南），后迁至北亳（今河南省商丘市北），灭夏建国后迁都西亳（今河南省偃师市西）；传到仲丁，又迁都于嚣（今河南省郑州市西北）。

孔子祖上并不姓孔，他的远祖应是殷商帝乙的长子微子启。微子启（微，国名；子，爵名；启，本名。）因是庶生，由其弟纣承继王位，他则受封于微；后因谏纣王不听，

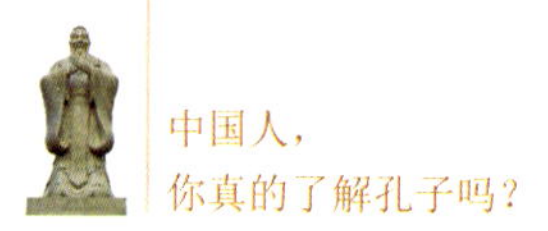

预感殷国将亡，愤而出走。

周武王伐殷灭纣，封纣子武庚于朝歌（今河南省鹤壁市淇县），使续殷祀。武庚于周公相成王时发动叛乱，事败被诛。成王乃封微子启于商之故都商丘，为宋公，管理殷商的遗民。微子启在商丘建立宋国，成为第一代宋君，仍袭子姓。微子启死后，其弟微仲衍继为宋公，其后经四传至弗父何，是为孔子的第十代祖。弗父何生宋公周，周生世子胜，胜生正考父。

正考父辅佐宋戴公、武公、宣公三朝，成为宋国名臣。正考父生孔父嘉（孔父为字，嘉为名），其地位由卿降为大夫，是孔子第六代祖。自弗父何至孔父嘉已历五代，《孔子世家谱·姓源》言：“五世亲尽，别为公族，遂异子姓，而以字为姓，盖成孔姓之始。”因此，在孔父嘉前，孔子的先世都姓子而不姓孔。子姓始自殷商，孔子既为其后裔，当然不会数典忘祖，乃自称：“丘也，殷人也。”

孔子的后裔

2005年，《孔子世家谱》被英国吉尼斯世界纪录有限公司认定为目前世界上最长的家谱。孔子的族人传承至今，繁衍已有八十二代。自明朝以来，《孔子世家谱》六十年一大修，三十年一小修。

据估计，目前健在的孔子后裔近四百万人。其中，在中国内地的有三百八十万人。在中国香港、中国台湾，以及美国、韩国、马来西亚和新加坡等地，也分布着很多孔子后裔。

“内孔”与“外孔”

孔氏家族的历史上，曾发生过一次几乎灭门的大事。

孔仁玉像

五代残唐时期，孔府有个洒扫户姓刘，叫刘末，后改姓孔。梁太祖乾化三年（913年）的一天深夜，孔末杀死孔子第四十三代嫡传孔光嗣，并欲斩草除根，要把孔光嗣的独子孔仁玉也一并杀死。孔仁玉当时在外祖母家。外祖父有个孙子，年龄和孔仁玉相仿。当孔末追到时，外祖父来了个“狸猫换太子”，结果自己的孙子被孔末杀死了，孔仁玉躲过一劫。此后，孔末便以孔子后裔自居。

孔仁玉在外祖母家长到十八岁时，向后唐明宗禀明了孔末乱孔的真相。明宗派员来曲阜查实，将孔末治罪，并恩准孔仁玉回孔府袭爵。这才使得几乎断宗的孔子世家得以中兴。孔氏后世也因此尊称孔仁玉为“中兴祖”。

孔仁玉为报外祖父救命养育之恩，奏请皇上恩准孔府认张家为世代恩亲。从此以后，张家的后人不管哪一代到了孔府，孔府都必以贵宾相待。

孔末后代在曲阜等地也有繁衍，如今亦有万人以上，俗称“外孔”。分为“内孔”和“外孔”是孔姓人与其他姓氏相比，所特有的一种现象。一般来说，作为圣裔的孔氏宗族常常自称“内孔”，而把同姓不同宗的孔氏称为“外孔”。以衍圣公府为代表的孔氏宗族历来对“内孔”“外孔”有明确划分和严格规定，“不准其随钦赐行辈取名，以免混乱”，“外孔”如冒宗续谱，则会因“冒宗谱，滥邀恩崇”而获罪。

“北孔”与“南孔”

北宋靖康元年（1126 年），金兵举兵南犯，从宋都汴京掳走徽、钦二帝，北宋宣告灭亡。徽宗第九子、康王赵构仓皇南下，在南京（今河南省商丘市）即皇帝位，为宋高宗，年号建炎。

建炎二年（1228 年），金兵继续南下。高宗君臣移驻扬州，于 11 月举行郊祀，召衍圣公参加祀典。此时，曲阜的衍圣公是孔子第四十八代孙孔端友，他与叔父孔传（原名孔若古）遂奉诏赴扬州。

一年后，金兵气势弥盛，高宗君臣渡江逃至临安（今浙江省杭州市）。孔端友、孔传及部分孔子后裔，带着代代相传的子贡亲手所雕的孔子及亓官夫人楷木雕像，随驾南渡。到临安后，孔端友上书高宗，陈诉离祖别家之苦，请求赐予安居之地。高宗感念其奉驾南渡，遂颁旨赐其族人在衢州定居，并在那里兴建家庙，供奉孔子及亓官夫人楷木雕像，一切礼仪同在曲阜时一样，并钦拨祭田以资祭孔之用。孔氏南宗就这样形成了。

孔氏南宗以衢州为中心，向四方不断扩大。南宋皇帝

孔氏南宗始祖孔端友像

先后封了孔端友、孔玠、孔搢、孔文远、孔万春、孔洙六代为衍圣公。孔氏南宗族人也得以重用。孔端友的叔父孔传官至中散大夫，堂兄孔端植为湖广通于令，孔端隐为江陵府推官，孔端弼为大理寺评事，孔端恩为杭州府教授。此外，孔氏南宗还得以按人口计量赐田，免于租税，其所得一部分用于孔氏族人衣食，一部分用于孔子祭礼。

此后，南宋朝廷又多次赐以恩宠。除了赐予田地，又于宝祐元年（1253年）准衢州知州之请，拨银三十六万缗，命仿曲阜孔庙之制，在衢州东北角的菱湖新建孔氏南宗家庙。建成后的家庙规模宏大，史料记载说“城中胜地，堤岸交错，岛屿萦回，士夫别墅，楼阁相望”。南宋末年，该庙毁于战火。

孔端友随宋高宗渡江南迁之后，金兵入主中原，建立了伪齐政权。刘豫于阜昌二年（1131年）封孔端友之弟孔端操之子孔璠为衍圣公，主持曲阜孔子林庙的祭祀。尽管孔子的嫡裔孔端友奉先祖及亓官夫人像南去，但祭祀先圣的香火在曲阜依然四时缭绕不息。

后来，伪齐政权垮台。金熙宗于天眷二年（1139年）仍封孔璠为衍圣公。至此，孔氏北宗也正式形成。南宋时期，北宗袭封的先后有孔拯、孔元措、孔浈等人。

金朝末年，北宗衍圣公孔元措随金政权迁往汴州，曲阜由其族兄孔元用主持祀事。宝庆元年（1225年），宋兵收复山东，封孔元用为衍圣公。宝庆二年改授孔元用之子

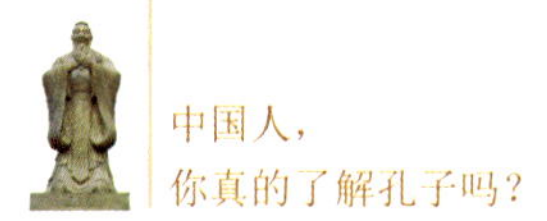

孔之全为衍圣公。蒙古族政权占领曲阜后，亦承认衍圣公孔之全的身份。这样，同一个时期，形成了南宋、金及元三个朝廷各有一个衍圣公的局面。元太宗五年（1233年），元朝攻下金京汴都，金人所封的衍圣公孔元措又被元朝封为衍圣公。曲阜的衍圣公孔之全，改任曲阜县令，不再与衍圣公职位有关联。

元朝统一中国后，至元十九年（1282年），南宗的第六代衍圣公孔洙奉元世祖之诏入京。他向皇帝面禀，自己六代先祖均葬于衢州，且建有衢州家庙，自己又有老母在堂，实不忍弃离衢州祖庙返回曲阜。他表示，愿将衍圣公这一爵位让与北宗，自己乞请准予南还衢州，奉养老母。元世祖对此大加赞赏，称孔洙“宁违荣而不违亲，真圣人后也”，遂遵其所请，免去“衍圣公”称号，改为国子监祭酒、承务郎，兼提举浙东学校事。

从此，南宗失去了世袭衍圣公的爵号，逐渐衰落下去。祭田重课租税，家庙亦难有余力修葺，政治地位与经济地位均大不如前。族人亦难入仕途，只能做些书院山长、儒学提举之类的学官。

但南、北宗衍圣公并立于世的局面，至此并未完全解决。原因是北宗第五十一代衍圣公孔元措年老无子，以其弟孔元宏之孙孔浈继嗣。孔浈为侧室所生，嫡母任氏性妒，孔浈生母被迫带他改嫁，他随继父改为李姓，直到长大之后才由孔元措领回家中抚养。

孔元措死后，孔浈于元宪宗元年（1251年）袭封衍圣公，但他整日游玩嬉戏，并不认真躬行祀事，引起族人的不满。前袭封衍圣公的孔之全之子孔治，率族人上书皇帝，禀明

孔涣并非孔子嫡裔，实为庶裔之子，且随母改嫁他姓，不具备承祭先圣资格。次年，皇帝下诏免去孔涣的衍圣公封号，直到元成宗元贞元年（1295 年）才另封孔治为衍圣公。

北宗的孔治死后，其子孔思诚袭爵。延祐二年（1315 年），孔氏族人又上书朝廷，称孔思诚为庶支，请求另立正支孔思晦袭封。元仁宗亲取孔氏谱牒查考，于次年罢免孔思诚，下诏以孔思晦袭封衍圣公。

孔氏家谱

孔氏全族正式家谱始于宋朝元丰甲子年间（1084 年），迄今已历九百余年。在此之前孔氏也有族谱，不过只收长支，不及旁系。康熙甲子年（1684 年）规定：每逢甲子大修一次，每逢甲午小修一次。所谓小修，即将三十年内孔裔的生死

《孔子世家谱》书影

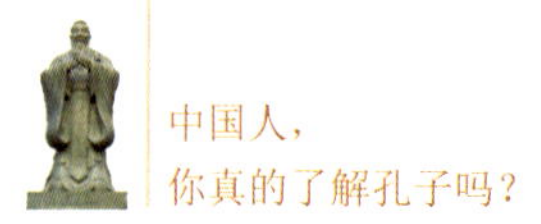

变迁，分别填造成册作为大修的底册，亦即为大修做准备。此后，孔氏族谱定名为《孔子世家谱》。清代康熙、乾隆甲子年（1684 年、1744 年）都曾大修。《孔子世家谱》最后一次大修是在民国十七年（1928 年），曲阜孔府组建了修谱筹备处，以第七十七代衍圣公孔德成任总裁，着手全国的孔氏家族的合修家谱工作。此次大修历时七年，完成了从孔子至第七十七代后裔近两千五百年间的一百零八卷家谱档案。

《孔子世家谱》共分为四集，一百零八卷。

一集以孔子为卷一，以孔仁玉（孔氏中兴祖）为卷二，孔氏六十户，每户一卷（有的一卷又分几册），自大宗次第为六十卷，共为六十二卷。

二集为孔仁玉流寓外地后裔，共为三十四卷，列入除六十户中兴祖流寓的孔裔。

三集为孔仁玉以前流寓族人，共为十卷，每卷人数多少不等。

四集为上代失考者，共为二卷。

据《孔子世家谱》记载，孔子身后，单传者七代，自第八代起才逐渐繁衍，至第九代始有兄弟三人。传至第四十二代，孔光嗣被孔末害死，而后孔末篡位袭爵。十八年后，孔光嗣之子孔仁玉上书后唐明宗，孔末因而被诛，孔仁玉得以中兴孔族，后世尊之为“中兴祖”。孔末后裔从此称为“外孔”，不得入谱。

南宋初年，第四十八代孔端友于建炎三年（1129 年）随康王南渡，定居浙江衢州，谓之南宗。其弟孔端操留守林庙，袭封衍圣公，谓之北宗。当时南宗才是孔子的长支

后裔，但后来南宗未再北返。直到明代弘治年间，方合散为聚，南北宗汇为一谱。

孔氏“中兴祖”孔仁玉的后裔原分为二十派。明代洪武年间，传到第五十六代时，因子孙繁衍日多，散居各地，于是将二十派各支分为六十户，迄今已有六百余年。其中，原来的长支为大宗户，属孔族内嫡系后裔，其余各支为小宗户，后者各有其名，如临沂户、孟村户、道沟户等等。

此后，历代皇帝先后钦定了按照行辈取名用字的序，从“希”字起，孔家姓名为三字，中间为辈字，一代一字，十分明确。从五十六代至一百零五代辈字为：希言公彦承，弘闻贞尚胤，兴毓传继广，昭宪庆凡祥，令德维垂佑，钦绍念显扬，建道敦安定，懋修肇彝常，裕文焕景瑞，永锡世续昌。其他姓氏也有行辈用字，唯有孔、孟、曾三姓辈字相同，全国一律，不得含混，孔姓尤为严格。孔子后裔如不按此取名，不准入谱。因此，凡属孔姓，只要用行辈取名，一看便知是孔子的第几代子孙。这些孔裔与孔子的血缘关系远近应是一样的，只是由于以长子长孙作为主干的中心，其他支派之间才产生了相对的远近。

《孔子世家谱》又载，现在的孔子嫡系近支指的是曲阜十二府内的孔裔，俗称“府门头的”。在这些府里，衍圣公是长房长子长孙，称为大宗。其他各府也有各自的长房长子长孙，称为小宗，也是该府的承袭人。如孔德成就属大宗户内第七十七代的大宗。“大宗户”与“大宗”是两个不同的概念：衍圣公府是六十户之首的大宗户；衍圣公是整个孔族的大宗，大宗有领导管辖本族的责任，即《礼记》中所谓的“收族”。

除了上述的宗法组织，收族的重要法门是修宗谱，通过修宗谱，达到"收宗合族"和"详世系、联疏亲、厚伦谊、严昌紊、序昭穆、备遗忘"的目的。另外，按照宗法制度，修孔子家谱时，有六种人不准入谱，即义子、赘婿、再醮带来之子、流入僧道者、干犯名义、沦为下贱者。

孔氏家族每次修族谱时，为使谱系完整严格并能按时完成，制定了一整套规章制度，设置了一系列组织机构。修谱前先下发条规，以公元 1774 年的修谱为例，就有三十四条之多。除了条规，孔氏家族还以衍圣公府的名义颁布修谱凡例、榜示、告示、祝文、誓词等等。修谱时要"开馆""祭祖"、分发格册，严防冒认。为使重修的家谱不出差错，旧谱回收应一份不漏。如旧谱损坏或丢失，都应向族长报实禀明原因。旧谱交回时，由族长印领。另外，在入谱上还有一系列条规。为入家谱，必须写好呈请，恳准后方可入谱。在入谱上，如出现立嗣争继，冒宗乱真等问题，一律严加查办。修谱时设立的组织人员有：鉴定、监修、提调、编次、掌收、校阅、誊录、暂刊、收发、供应等等。

由此可见，《孔子世家谱》所反映出来的孔族世系，既久远复杂，枝繁叶茂，同出一源，绵延两千五百余年，又十分细致严密，为后人留下了一份珍贵的文化遗产，对研究我国的人口学、社会学、民族学、经济史、宗法制度等都具有重要意义。

行辈用字

孔氏家族规定，不准随意取名，要严格按照皇帝赐给

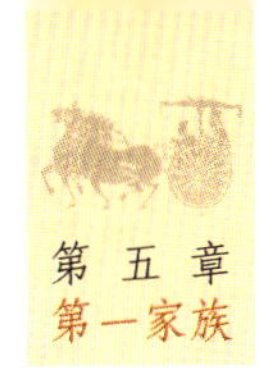

的行辈来取。孔府曾专门颁布过《孔氏行辈告示》：

> 立行辈所以分尊卑，定表字所以别长幼。迩来我族人满数万丁，居连数百里。岂唯目不能偏识，而且耳不能遍闻。若无行辈则昭穆易紊，无表字则称谓不论。在前业经奉旨更定。今依所定吉字开列于后，凡我族人俱当遵照后开行辈，取名训字。有不钦依世次随意妄呼者，不准入谱。

宋代以前，孔氏后裔人数尚少，没有固定的行辈，各家取名很随意。从第四十五代起，已注意订定行辈，但还不严格，同辈人多采用同一字作行辈字或同一偏旁字为名。

孔氏行辈最早在明代定出。明代初年，太祖朱元璋先后赐给孔氏十字作为行辈字，从第五十六代起排，此后孔

孔氏行辈最早在明朝定出

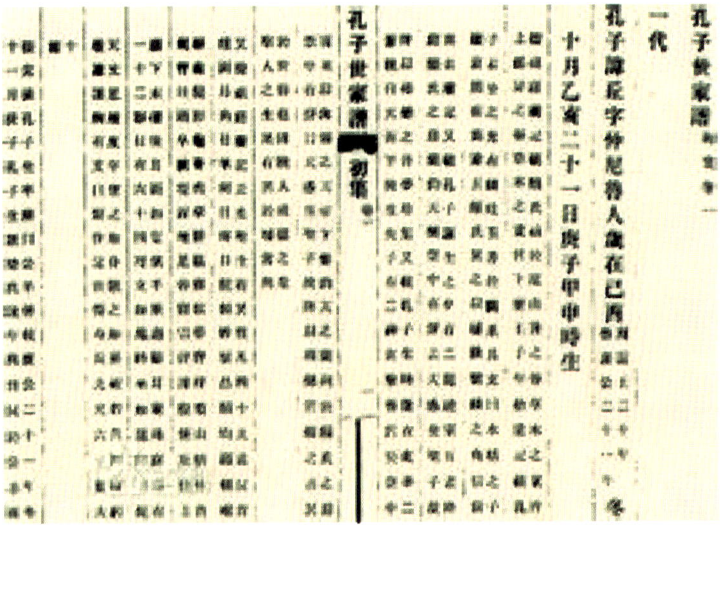
孔子世家谱
一代
十月乙亥二十一日庚子甲申時生
孔子世家譜 初集

氏族人不准随便取名。明崇祯年间，第六十五代衍圣公孔胤植报请皇帝，再立十字十辈。

清同治年间，第七十五代衍圣公孔祥珂经皇帝核准，又立十字十辈。1920 年，第七十六代衍圣公孔令贻报北洋政府备案，续立二十字二十辈。以上几次订定的行辈字，计五十字五十辈，为第五十六代到第一百零五代。

历次订定行辈用字情况：

明建文二年（1400 年）御赐十字：希言公彦承，弘（宏）闻贞尚胤（衍）。

清乾隆五年（1740 年）御赐十字：兴毓传继广，昭宪庆繁祥。

清道光十九年（1839 年）御赐十字：令德维垂佑，钦绍念显扬。

民国九年（1920 年），孔子第七十六代衍圣公孔令贻，报北洋政府批准二十字：建道敦安定，懋修肇彝常，裕文焕景瑞，永锡世绪昌。

第六章

大成至圣

——孔子身后的誉与毁

大成至圣先师

所谓“大成”，是指集“三皇、五帝、三王、五伯”之“大成”。孔子的学说，在《诗》《书》《礼》《易》《乐》《春秋》“六经”之中；孔子的部分言行，在《大学》《中庸》《论语》《孟子》“四书”等著作之中。《汉书·艺文志》中把“六经”单列为“六艺略”，而《诸子略》中说，“儒家”是“宗师仲尼”。

董仲舒像

孟子首次肯定孔子是“集大成”者：“孔子之谓集大成。集大成也者，金声而玉振也。”（《孟子·万章下》）称赞孔子德才兼备，学识渊博，正如奏乐，以钟发声，以磬收乐，集众音之大成。

邵雍像

西汉时期，汉武帝采纳董仲舒的建议，“罢黜百家，独尊儒术”，设立五经博士，创办太学。孔子自此被尊为“圣人”。此后，儒学成为历代封建王朝所推崇的主流意识形态，人们每年都会在春季和秋季第二个月的上丁日祭奠至圣先师。

北宋理学家邵雍说：

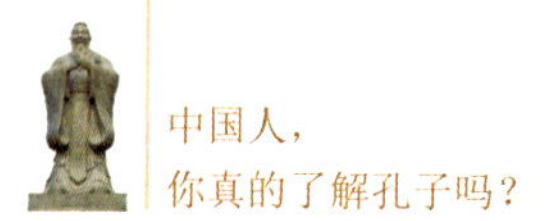

> 孔子赞《易》自牺轩而下，序《书》自尧舜而下，删《诗》自文武而下，修《春秋》自桓文而下。自牺轩而下，祖三皇也；自尧舜而下，宗五帝也；自文武而下，子三王也；自桓文而下，孙五伯也。祖三皇，尚贤也；宗五帝，亦尚贤也；三皇尚贤以道，五帝尚贤以德。子三王，尚亲也；孙五伯，亦尚亲也；三王尚亲以功，五伯尚亲以力。（《皇极经世书·观物篇》）

著名学者、古典文学家柳诒徵说：

> 孔子者，中国文化之中心也。无孔子则无中国文化。自孔子以前数千年之文化赖孔子而传，自孔子以后数千年之文化赖孔子而开。（《中国文化史》，上海古籍出版社，2001）

著名哲学家、思想家熊十力说：

> 孟子谓孔子集大成，盖深知学术源流者。即就《左传》而征，春秋时卿大夫士，无不深于儒学者，惟古籍散亡，罕克考耳。（《读经示要》，上海书店出版社，2009）

所谓“至圣先师”，是因为孔子“信而好古，述而不作”。孔子论述了在他之前的历代圣人之言行，而且以“学而不厌，诲人不倦”来践行。

《中庸》中说：

仲尼祖述尧、舜，宪章文、武，上律天时，下袭水土。辟如天地之无不持载，无不覆帱，辟如四时之错行，如日月之代明。万物并育而不相害，道并行而不相悖，小德川流，大德敦化，此天地之所以为大也！

《论语》中说：

仰之弥高，钻之弥坚，瞻之在前，忽焉在后！

夫子之墙数仞，不得其门而入，不见宗庙之美、百官之富。得其门者或寡矣。

仲尼不可毁也。他人之贤者，丘陵也，犹可逾也；仲尼，日月也，无得而逾焉。人虽欲自绝，其何伤于日月乎？多见其不知量也！

夫子之不可及也，犹天之不可阶而升也。夫子之得邦家者，所谓立之斯立，道之斯行，绥之斯来，动之斯和。其生也荣，其死也哀。如之何其可及也！

因此，孔子之前的圣人之言行，由孔子集其大成；孔子之后的圣人，没有超越孔子之上的。

历朝历代对孔子不断追谥：

汉平帝时追谥为“褒成宣尼公”；

唐太宗尊为“宣父”；

唐玄宗追封为“文宣王”；

汉高祀鲁（《圣迹图》）

宋真宗追封为“玄圣文宣王”，后改称为“至圣文宣王”；

元武宗追封为“大成至圣文宣王”；

明世宗改称为“至圣先师孔子”。

这样的追谥加封使孔子的圣人地位根深蒂固，“至圣先师孔子”亦相沿至今。“大成至圣先师”之名并不是要“神化”孔子，而是要后人学习、弘扬孔子的思想精髓。

生前否认自己是圣人

孔子生前否认自己是圣人。《论语·述而》载：“子曰：‘若圣与仁，则吾岂敢！抑为之不厌，诲人不倦，则可谓云尔已矣！’公西华曰：‘正唯弟子不能学也！’”所谓“则吾岂敢”，诚如汉代经学家孔安国注所云：“孔子谦，不敢自名仁圣。”

孔子同时否认自己是天才，不是“固天纵之将圣”的圣人；“吾少也贱，故多能鄙事”，强调恶劣的环境对自身修养的重要作用。他高度赞扬颜回：“一箪食，一瓢饮，在陋巷。人不堪其忧，回也不改其乐。”这与他的自我评价是一致的，即虽处恶劣环境，却怀不坠青云之志，不断加强自身的修养。孔子否认天才的存在，强调苦难之于自强不息者的重要作用，强调修养的渐进性，为后人立下了万代楷模。

焚书坑儒

秦始皇在政治、经济上的改革并非一帆风顺。秦统一全国之初，在要不要分封诸子为王的问题上，就引发了一场争论。以丞相王绾为首的一批官员请求秦始皇将诸子分封于占领不久的燕、齐、楚故地为王，他们认为这样有利于巩固秦国的统治。廷尉李斯则持反对态度，认为春秋战国诸侯纷争就是西周分封制造成的恶果，只有废除分封制，才能免除祸乱。秦始皇采纳了李斯的意见，在全国施行了郡县制。

八年之后，始皇三十四年（前 213 年），秦始皇于咸阳宫举行宫廷大宴，此时又发生了一场争论，争论的焦点是应该师古还是师今。

宴会上，仆射周青臣面谀秦始皇，说“自上古不及陛下威德”。博士淳于越针对周青臣的谀词提出了恢复分封制的主张，他说：

> 臣闻殷周之王千余岁，封子弟功臣，自为枝辅。今陛下有海内，而子弟为匹夫，卒有田常、六卿之臣，无辅拂，何以相救哉？事不师古而能长久者，非所闻也。今青臣又面谀，以重陛下之过，非忠臣。

秦始皇听后不动声色，把淳于越的建议交给群臣讨论。丞相李斯不同意淳于越的观点，反驳说：

> 三代之争，何可法也。儒生不师今而学古，道古以害今，如不加以禁止，则主势降乎上，党与成乎下。

为了别黑白而定一尊，树立君权的绝对权威，李斯向秦始皇提出了焚毁古书的三条建议：1. 除了《秦记》、医药、卜筮、种植之书，其他历史古籍一律限期交官府销毁，令下三十日仍不交的，处以黥刑并罚苦役四年；2. 谈论《诗》《书》者处死，以古非今者灭族，官吏见知不举者，与其同罪；3. 有愿习法令者，以吏为师。

秦始皇采纳了李斯的建议，宴会散后的第二天，全国各地都燃起了焚书之火，不到一个月，中国秦代以前的古典文献大都化为了灰烬。

焚书的第二年，又发生了坑儒事件。坑儒不是焚书事件的延续，而是由一些方士、儒生诽谤秦始皇引起的。秦始皇在攫取了巨大的权力之后，得以享受荣华富贵，因而十分怕死，开始异想天开地寻求长生不死药。方士侯生、卢生等人迎合他的需要，答应为他找到这种药。

按照秦律，诺言不能兑现，或者所献之药无效者，都要被处以死刑。侯生、卢生自知弄不到长生不死药，便逃之夭夭，而且诽谤秦始皇天性刚戾自用，事情无论大小都由他一人决断，专任狱吏，贪于权势，等等。秦始皇听后勃然大怒，下令进行追查，并亲自圈定了四百六十余人，以妖言惑众的罪名将他们活埋于咸阳。这便是历史上所说的“坑儒”事件。

在中国历史上，焚书坑儒是极其残暴的事件。秦朝统治者焚书坑儒，目的在于打击复活的旧贵族政治思想，强化思想统治。但造成的后果极其严重：一是使先秦大批文献古籍付之一炬，给中国文化造成了难以挽回的重大损失；二是使春秋末叶以来蓬蓬勃勃发展起来的自由思索的精神遭受了一次致命打击。焚书坑儒使秦朝最终落了个“竹帛烟销帝业虚，关河空锁祖龙居”（唐·章碣《焚书坑》诗）的结局。

“打倒孔家店”

长期以来，人们一直以为“打倒孔家店”是新文化运动时期就盛行的口号，事实并非如此。

北京大学教授王东在他的《五四精神新论》一书中说，从“五四”新文化运动的代表人物来看，无论是最主要的蔡元培、陈独秀、胡适、李大钊、鲁迅，还是略逊一筹的刘半农、周作人、易白沙、吴虞等人，甚至包括思想最激进、最极端的钱玄同，没有任何一人提出过“打倒孔家店”的口号。

关于“孔家店”最早的记录，见于1921年6月16日，当时胡适在给《吴虞文录》作的序中首次提出了“打孔家店”。“打孔家店”具体何时演变成了“打倒孔家店”，此事无从考证。王东认为，把“打倒孔家店”看作五四新文化运动的纲领性口号，是一种夸大和曲解。如果要为这个升级版的口号寻找一个起源的话，应该缘于陈伯达等人的加工改造。

新中国成立前，陈伯达建议成立“中国新启蒙运动学会”，表示愿意“接受五四时代‘打倒孔家店’的号召”。后来，“打倒孔家店”的说法又得到进一步的传播。不少历史书籍里关于“五四”的论述中，都可以见到“打倒孔家店”的说法。

历史学家范文澜先生在《中国经学史的演变》中说道：“五四运动中的‘名将’之一的吴虞先生，曾被称为‘打倒孔家店’的老英雄。”

北京大学教授萧超然在其所著的《北京大学与五四运动》一书中提到，陈独秀“高举‘打倒孔家店’的大旗，与当时甚嚣尘上的尊孔复辟倒退逆流进行了针锋相对的斗争，产生了重大影响”。

“打孔家店”与“打倒孔家店”虽然仅是一字之差，含义却大不相同：“打”只是一种动作，“倒”却昭示了一种结果；“打”侧重于批判，“打倒”就是全盘否定了。

“打倒孔家店”的口号流行开以后，立刻带动了人们对“五四”的符号性理解。在对传统怀有偏激情绪的人看来，“打倒孔家店”是新文化运动革命彻底性的集中体现；而在对传统文化有深刻认同的人看来，“打倒孔家店”则是全面否定传统的历史虚无主义的罪证。

王东说，长期以来，“打倒孔家店”被当作“五四”新文化运动的主要口号，导致了海外的一些学者借此把断然否定中华民族传统文化的激进主义判定为“五四”新文化运动的思想主流、精神实质。如美国威斯康辛大学历史系教授林毓生在他所著的《中国意识的危机——“五四”时期激烈的反传统主义》一书中就提出，许多“五四”人物为了提倡自由、科学与民主，认为非要全盘而彻底地把中国传统打倒不可。

事实上，一些“五四”时期的思想领袖在新文化运动中一直处于“两难”的境地。如陈独秀一方面肯定孔子本人及其学说在当时社会情况下的价值，另一方面则又坚持认为“孔子之道不适于现代生活”。1920 年，他在《新文化运动是什么？》一文中说：“我们不满意于旧道德，是因为孝悌的范围太狭了……所以现代道德的理想，是要把家庭的孝悌扩充到全社会的友爱。现在有一班青年却误解了这个意思，他并没有将爱情扩充到社会上，他却打着新思想新家庭的旗帜，抛弃了他的慈爱的、可怜的老母；这种人岂不是误解了新文化运动的意思？因为新文化运动是主张教人把爱情扩充，不主张教人把爱情缩小。”

其他“反孔”精英也都一再声明，不反对孔子本人。1917 年 2 月 4 日，李大钊在《自然的伦理观与孔子》一文中写道：“余之掊击孔子，非掊击孔子之本身，乃掊击孔子为历代君主所雕塑之偶像的权威也；非掊击孔子，乃掊击专制政治之灵魂也。”即便是最激烈地抨击孔子的吴虞也说：“不佞常谓孔子自是当时之伟人。”但是不管如何，在经历了新文化运动的疾风骤雨后，人们再提起“孔子”这两个字时，感受已与往常大不相同了。

1921年，新儒家代表人物梁漱溟在出版他的《东西文化及其哲学》一书时，曾经不无心痛地写道：“今天的中国，西学有人提倡，佛学有人提倡，只有谈到孔子羞涩不能出口”，以至于“孔子的道理成了不敢见人的东西”。这又是为何呢？也许鲁迅先生的一段话可以回答这个问题。鲁迅在谈到“袁皇帝”、孙传芳和张邦昌这三个人时说：“一看最近的例子，就更加明白。从二十世纪的开始以来，孔夫子的运气是很坏的……这三个人，都把孔夫子当作砖头用，但是时代不同了，所以都明明白白地失败了。岂但自己失败而已呢，还带累孔子也更加陷入了悲境。他们都是连字也不大认识的人物，然而偏要大谈什么‘十三经’之类，所以使人们觉得滑稽；言行也太不一致了，就更加令人讨厌。既已厌恶和尚，恨及袈裟，而孔夫子之被利用为或一目的的器具，也从新看得格外清楚起来，于是要打倒他的欲望，也就越加旺盛。所以把孔子装饰得十分尊严时，就一定有找他缺点的论文和作品出现。”（《在现代中国的孔夫子》）

“批林批孔”

“批林批孔”运动是1974年1月至6月，经毛泽东批准、发起的以批判林彪、孔子为主旨的政治运动。“批林批孔”

是“文化大革命”中诞生的产物。

1973 年 3 月，在中央召开工作会议期间，毛泽东谈到批林时提出也要批孔。同年 7 月，他在一次谈话中说，林彪同国民党一样都是“尊孔反法”的。

1974 年 1 月 18 日，毛泽东批发中共中央 1974 年 1 号文件时，转发了由江青主持选编的《林彪与孔孟之道》一书。全国自此展开了“批林批孔”运动。

随后，江青等人利用“批林批孔”的口号，把矛头直接指向了周恩来。他们企图利用这场运动打倒周恩来等一批中央领导人，实现“组阁”篡权的罪恶目的。

在江青、康生、张春桥、姚文元的操纵指挥下，报刊大量发表他们的写作班子“梁效”“池恒”“罗思鼎”等的文章，大搞影射文学、阴谋文艺，不批林，假批孔，批宰相，批周公，批“现代的大儒”。江青甚至露骨地说：这次运动的重点是批“党内的大儒”。他们大肆宣扬“儒法斗争史”，影射党内的斗争，把周恩来主持中央日常工作时让一部分老干部出来工作诬为“复旧”“请隐士”“举逸民”。他们在全国各地区各部门发动所谓批判“右倾回潮”运动，使许多刚刚重新出来工作的老干部再次被打倒，身心受到了极大的摧残。

江青等人掀起所谓“评法批儒”的浪潮，大肆宣扬吕后、武则天，吹捧“女皇”，为他们反周组阁的阴谋大造舆论。这样一来，整个社会秩序、工作秩序及生产秩序又一次遭到破坏，全国重又出现了大动乱的局面。

毛泽东发现了江青等人的篡权活动后，对他们进行了严厉批评，斥责他们是“四人帮”。此后，“批林批孔”

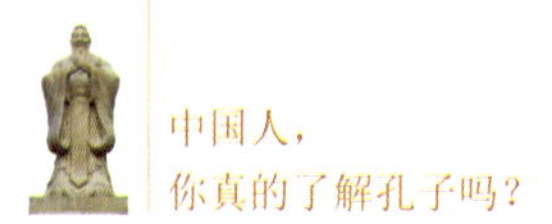

运动就寿终正寝了。

身后的“荣誉称号”

后世对孔子有很多称号，如圣人、素王、大成至圣文宣王、至圣先师、万世师表等等。宋明理学家甚至说：“天不生仲尼，万古如长夜。”

孔子逝世于公元前479年，鲁哀公亲制诔文悼念孔子，诔文中称他为“尼父”，这是有别于谥号的尊称。

孔子有封号始于公元元年，汉平帝刘衎追封他为公爵，称“褒成宣尼公”。

北魏孝文帝于太和十六年（492年）改称孔子为“文圣尼公”。

北周静帝于大象二年（580年）恢复孔子的公爵之封，号“邹国公”。

隋文帝杨坚于开皇元年（581年）尊孔子为“先师尼父”。

唐太宗李世民于贞观二年（628年）尊孔子为“先圣”；十一年（637年），又改称“宣父”。乾封元年（666年），唐高宗李治尊孔子为“太师”。天授元年（690年），武则天执政时恢复公爵，改称“隆道公”。开元二十七年（739年），唐玄宗李隆基升孔子为王爵，谥号“文宣”，称“文宣王”。

宋真宗于大中祥符元年（1008年）加封孔子为“玄圣文宣王”，五年改称“至圣文宣王”。

元武宗于大德十一年（1307年）七月加封孔子为“大成至圣文宣王”。

清顺治二年（1645 年），加号孔子为“大成至圣文宣先师”；十四年，又复称“至圣先师”。

民国年间，国民政府派员祭祀孔子，给他的称号也是“大成至圣先师”。

据谥法可知，“扬善赋简曰圣”，“敬宾厚礼曰圣”；“经天纬地曰文”，“道德博文曰文”，“学勤好问曰文”，“慈惠爱民曰文”；“圣善周闻曰宣”。“大成”是赞扬孔子集古圣贤之大成，“至圣”则是说孔子是圣人中的圣人。历代王朝都为孔子的封谥选择了代表最高赞誉的字，由此可见古代中国对孔子及其思想学说的尊崇。

孔子形象的异化

历史上孔子的形象有多种，其中之一是“丑化”。

晚清以来，孔子的形象江河日下，或被严重扭曲，或被无情抨击。太平天国的洪秀全率领农民起义，要推翻清王朝的统治，对于所谓“历代帝王专制之护符”的孔子本人及其思想自然全无好感。他说：“推勘妖魔作怪之由，总追究孔丘教人之书多错。”《太平天日》一书甚至编造了荒诞的神话：天父上帝审判孔子，命天使捆绑并鞭挞他，孔子跪在天兄基督前哀求不已，上帝始命停止鞭打，永不准他下凡。

太平军所到之处，焚烧孔庙，捣毁孔子像，宣布“四书”“五经”为“妖书”，规定“凡一切妖书，如有胆敢念诵教习者，一概皆斩”。太平军抵制孔子及其思想，或许还有另外一层原因：孔子“不语怪、力、乱、神”，敬鬼神而远之，对鬼神持怀疑态度。洪秀全创立了拜上帝教，对于不信鬼神的孔子自然要打倒、要丑化。这是孔子因政见及信仰不同而遭到丑化。

后来，袁世凯窃国，登上了民国总统之位，定孔教为国教，提倡尊孔读经。革命先驱章太炎写了《订孔》一文，指出儒学是“中国的祸本”，孔子“最大的污点是使人不脱富贵利禄的思想”，“我们今日要想实行革命，提倡民权，孔教是断不可用的”。

“五四”新文化运动的倡导者陈独秀，号召青年“以彻底之觉悟，猛勇之决心，塞绝与新社会、新国家、新信仰不可相容之孔教”。被誉为“只手打孔家店的老英雄”的吴虞，认为孔子的忠、孝观点是维护宗法专制制度，直言“儒家之主张，徒令宗法社会牵制军国社会，使不克完全发达，其流毒不减于洪水猛兽矣”。他痛骂孔子为“盗丘”，说：“盗跖之为害在一时，盗丘之遗祸及万世。”这些批判在当时看来不无道理，但情绪化、夸张化的言论使孔子的形象受到了严重丑化。

历史上孔子的另一种形象，则是“神化”。

孔子在汉代，除了被官方及御用学者董仲舒等人独尊而“正统化”，还受到一些公羊学派儒生的高度“神化”。在《春秋纬·演孔图》《孝经援神契》等书中，从出生、相貌到行为方式，孔子被进行了一系列精心的“神化”：

1. 孔子并非俗人凡胎，他诞生于人神交合之中。他的父母“祷尼丘山，感黑龙之精，以生仲尼”。

2. 孔子生有异相殊表。“孔子长十尺，海口，尼首，方面，月角日准，河目龙颡，斗唇昌颜”，“手垂过膝，耳垂珠庭，

眉十二采，目六十四理，立如凤峙，坐如蹲龙”。

3. 孔子作为奉天承运的“素王”，编撰《春秋》《孝经》，为后世制定了治理天下的大法。他带领七十二位弟子朝拜北斗星，其时天空“白雾摩地，赤虹自上而下化为黄玉，长三尺，上有刻文，孔子跪受而读之，曰：‘宝文出，刘季握，卯金刀，在轸北，字禾子，天下服。’”臆造孔子曾预言刘邦将取代秦皇而登上帝位。

从一定意义上说，“神化”是对“正统化”的加码，是为了树立孔子更大的权威，把他从人性世界的典范提升到神性世界的救世主。《古微书》卷二十五中记载的一则神话便是极好的例证：鲁国有个人出海而迷失方向，后来遇见了孔子，孔子给他一条手杖，“令闭目乘之归”，那个人骑在手杖上飞回鲁国，向鲁王转告孔子的告诫：不久有外敌入侵，应趁早高筑城墙。鲁王依言做好了准备，后来齐国军队果然兵临城下，因鲁国已早有准备，最终只得无功而返。

古今名人评孔子

古波斯摩尼教创始人摩尼，早在公元270年时就说过：“除了用双眼观察世界的中国人和只用一只眼睛观察世界的希腊人之外，其他的民族都是盲人。”

中国现代大儒梁漱溟早在1934年时就说过：“孔子学说的价值，最后必有一天一定为人类所发现，为人类所公认，再重光于世界。”

二十世纪七十年代，英国历史哲学家汤因比博士说：“能够帮助解决二十一世纪的世界问题的，唯有中国孔孟

联合国大厦中写有“己所不欲，勿施于人”的壁画

的学说。”

1988年，七十五位诺贝尔奖得主在巴黎发表联合宣言说：“人类要生存下去，必须回首二十五个世纪去汲取孔子的智慧。”

美国诗人、哲学家、思想家、一代宗师爱默生（1803—1882）认为“孔子是哲学上的华盛顿”，“孔子是全世界各民族的光荣”，并表示“对这位东方圣人极为景仰”。

2001年，美国加利福尼亚州议会通过决议，将孔子的生日——9月28日定为“孔子日”，以纪念这位对人类教育事业做出杰出贡献的先贤。负责起草议案的议员表示：“中华民族悠久、灿烂的文化极大地丰富了美国多元文化的内涵。孔子的教育思想是世界文明的宝贵财富。在加州举行这一纪念活动，充分显示了该州对教育的支持和对中华民族传统文化的尊重。”

二十世纪八十年代，英国出版的《人民年鉴手册》将孔子列为世界十大圣人之首。

联合国教科文组织将孔子列为世界十大文化名人之首，并设有“孔子教育奖”。

《圣迹图》与孔子像

《圣迹图》

历朝历代宣扬孔子行迹的书很多。《论语》为孔子的言行之滥觞。其后汉代司马迁撰《史记》，以孔子入“世家”。后来，集孔子圣迹之书日多。如以文为主的《孔子家语》，以图为主的《圣迹图》，等等。

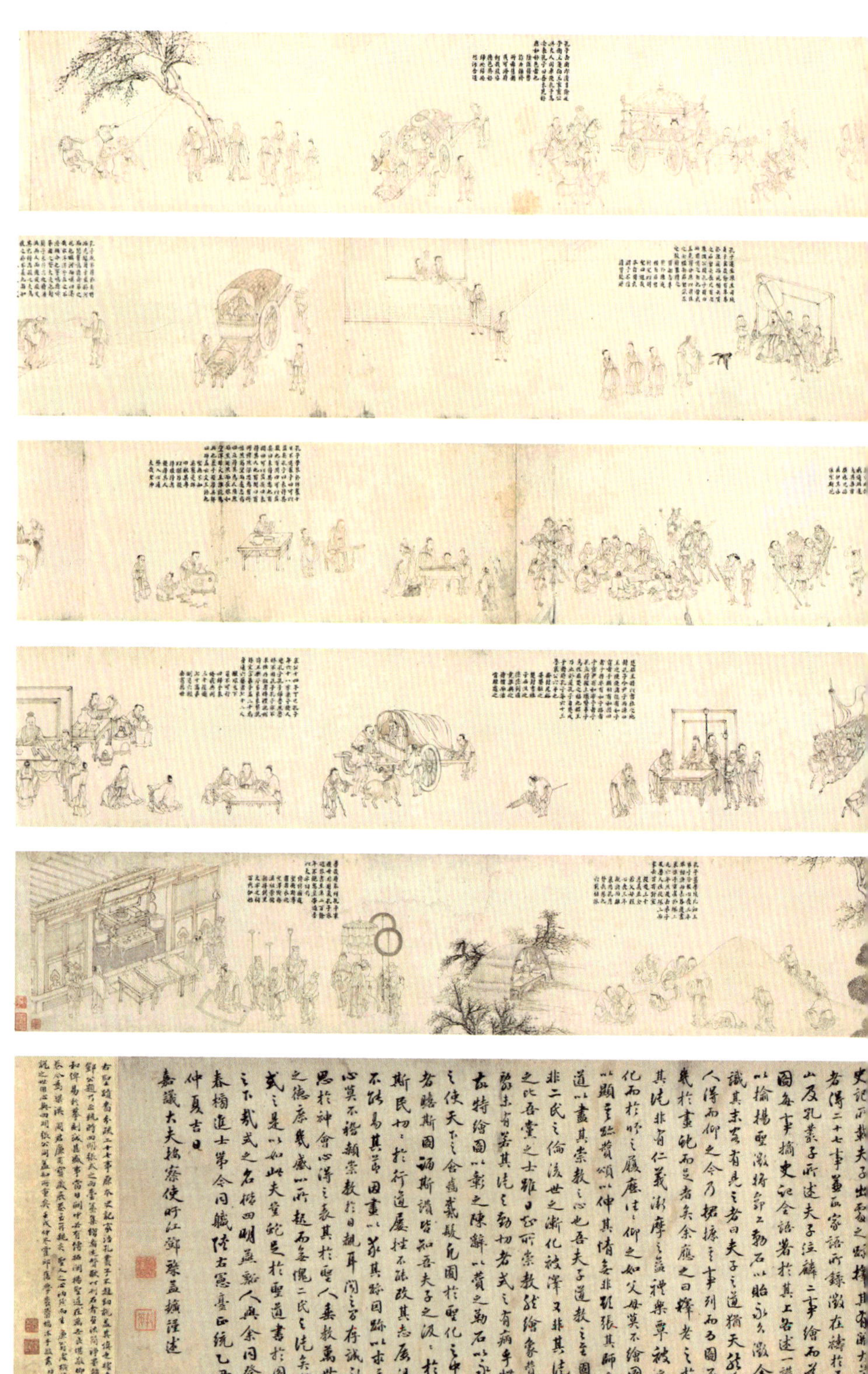

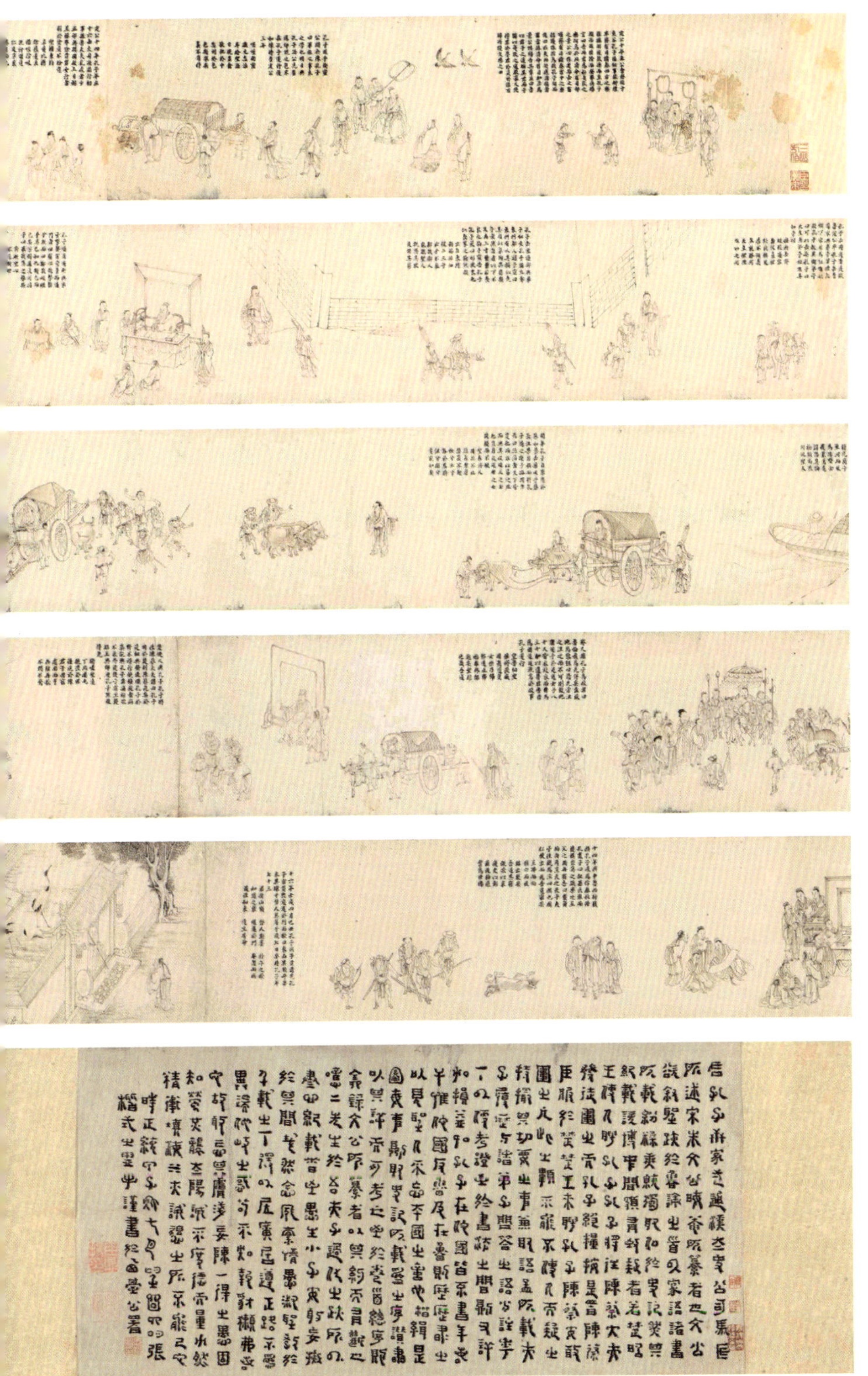

张楷序刊的《圣迹图》

《圣迹图》大约出现于明代，是以较完整的连环画作品形式呈现的。明正统九年（1444年），监察御史张楷依据《史记·孔子世家》，旁采《论语》《孟子》等辑成《圣迹图》，请画师画出了孔子生平中的二十九件重要的事件，并为每幅图撰写了说明和赞诗，木刻传世。其后，弘治十年（1497年），何廷瑞等又新增九件事后重新刻印，但新增的九件事只有图和说明而无赞诗。

不同的历史时期，《圣迹图》在版面设计和绘制手法上各有不同，计有木刻本、彩绘本、石刻本、珂罗本、影印本等多种。

《圣迹图》全面反映了孔子笃志教化、追寻理想的一生。他三岁丧父，曾做过“委吏”和“乘田”，中年开始聚徒讲学，五十岁左右担任过鲁国的司空、司寇，五十四岁开始周游列国，到处宣传自己的政治主张，但都不被采纳。奔波十四年，返回鲁国后，他专心从事教育及著述，删《诗》《书》，订《礼》《乐》，修《春秋》。《圣迹图》以编年为顺序，对他的生平事迹进行了具体描绘，形象地表现了他一生的行迹。《圣迹图》线条流畅，画面精致入微，生动地再现了两千多年前的历史场景，孔子等人物的音容笑貌栩栩如生、跃然纸上。

此外，国画版的《孔子圣迹图》，是清代画家焦秉贞的作品。该画为绢本设色，纵29.2厘米，横35.7厘米，现藏于美国圣路易斯美术馆。

吴道子绘孔子像

吴道子，又名道玄，盛唐玄宗时的宫廷画家。他曾学

孔子行教像（吴道子绘）

书于张旭、贺知章，后改攻绘画，故笔力遒劲如铁划银钩，“其势圜转，而衣服飘举”，在绘画史上被赞为“吴带当风”。

吴道子所绘孔子像有两种，其一是孔子行教像，古代庙学张挂的都是此像；其二是孔子为鲁国司寇像。吴道子所绘孔子像的依据为《白虎通》，孔子生有七露，即鼻露孔、眼露睛、口露齿、耳露轮，又耳、鼻、眼为双配，故称“七

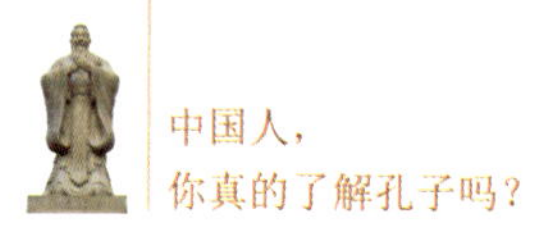

露”。从吴道子所作孔子行教像来看，确有此态。

在吴道子所绘的《孔子行教像》中，孔子作“天揖之势”：双手交叉于胸前，腰间挎剑，一副恭谦的样子。为什么作“天揖之势”？这是因为孔子为士，列为贵族，双手相叉为士相见礼，表示虔诚谦恭之意，而剑在当时是士以上阶层必须佩带之物。“天揖之势”生动地再现了作为万世师表的孔夫子彬彬有礼、平易近人的圣洁风姿。

孔子标准像

孔子标准像由中国孔子基金会于2006年9月23日发布，是在唐代吴道子《孔子行教像》的基础上，先后征求国学大家任继愈、文怀沙，“泥人张”第四代传人、雕塑家张锠以及孔子后裔等各方面的意见，最终创作而成的。

作为流芳千古的东方哲人，孔子的形象究竟如何？鲁迅在《中国现代的孔夫子》一文中描述道：

> 说起这些图画上所得的孔夫子的模样的印象来，则这位先生是一位很瘦的老头儿，身穿大袖口的长袍子，腰带上插着一把剑，或者腋下挟着一枝杖，然而从来不笑，非常威风凛凛的。

曾任曲阜师范大学孔子研究所所长的李启谦和山东师范大学教授王钧林在综合了古典文献对孔子体貌的记载之后，考证道：

> 孔子身材高大，筋骨强健，但他却有些驼背。他上

孔子标准像

身长，下身短，胳膊长，力大过人。其头顶部凹陷，头上七窍豁露，天庭饱满，但没有胡须。

中国孔子基金会发布的孔子标准像，重点从形象定位和精神气质等方面做了修改完善，更注重体现孔子“仁”和“礼”的思想内涵，以表现他的博大儒雅。标准像为高255.7厘米的青铜圆雕，将孔子定位为平民形象，宽鼻，阔嘴，浓眉，长髯，国字形脸，神情慈祥，眼神温和，是一位具有山东人相貌特征的忠厚长者。

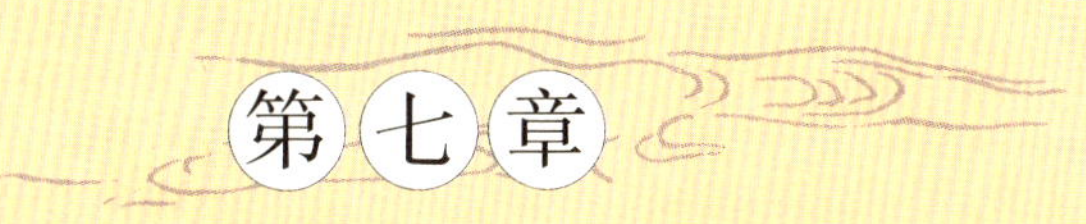

第七章

乐活人生

——孔子的写意生活

孔颜乐处

自古以来，儒学大师都把“孔颜乐处”奉为最高的人格理想与道德境界。“孔颜乐处”是指儒家知识分子那种安贫乐道、达观自信的处世态度与人生境界。

《论语·述而》载：“子曰：‘饭疏食，饮水，曲肱而枕之，乐亦在其中矣！不义而富且贵，于我如浮云。’”孔子说，吃着粗粮，喝着冷水，弯着胳膊当枕头，这样的生活也充满了乐趣。用不义的手段得到的富贵，对于我来说就好像浮云，转瞬即逝，无足轻重。

《论语·述而》又载孔子对自己的描述：“其为人也，

颜回当年所居的陋巷

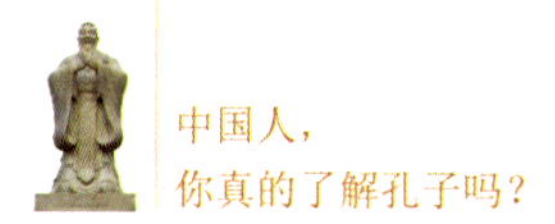

发愤忘食，乐以忘忧，不知老之将至云尔。”孔子以为，发愤学习和教学是最大的快乐。在学习和教学中，自觉年轻多了，好像忘了自己已经渐渐地老了。

《论语·雍也》载：“子曰：‘贤哉！回也。一箪食，一瓢饮，在陋巷。人不堪其忧，回也不改其乐。贤哉！回也。’”这是孔子对学生颜回的赞扬。颜回用非常简陋的竹器吃饭，用瓢饮水，住在陋巷。别人受不了这种困苦，他却没有改变自己的快乐。对于孔子、颜回这样品德高尚的人来说，快乐不在于物质的享受，而在于精神情操的追求。

现在很多人以为，温饱是人间大事，财富是尊严的保障，于是百般谋求。但食宿是生存的最低要求，钱财不过是身外之物，人生所能获得的真正的安顿实不在此。孔子曾说：“君子谋道不谋食……君子忧道不忧贫。”食色的满足，以及一切人欲的诱惑，在圣人那里都称不上真正的快乐。真正的快乐是：无论高贵还是贫贱，无论幸运还是不幸，无论得意还是失意，无论在上位还是在下位，都能泰然处之，怡然接受。此即所谓“素富贵，行乎富贵；素贫贱，行乎贫贱……君子无入而不自得焉”（《礼记·中庸》）。

这便是道。“道”者，是此端至彼端唯一的路。无论人生多么风光，抑或遭遇多少艰辛，都必然要踏上这样一条路。能解悟至此，我们方能心安。《中庸》说“道不远人”，然而这样高明的境界，又有谁能轻易达到呢？“人能弘道，非道弘人”（《论语·卫灵公》）啊！因此，虽然光明大道一直平铺在眼前，我们却往往会被一叶障目，就是不肯踏上去。大道至简至易，却也如同咫尺天涯。

因此，孔子曾不无悲悯地慨叹：“道之不行也，我知之矣！”（《中庸》）但是他一日也未放弃对道的追求。假如道真是唯一的，那么我们都应该追随圣人的脚步，问道、求道、悟道、弘道。其实，这也就是要具备“寻孔颜乐处”那“颠沛必于是，造次必于是”的信心与志向。

注重仪表

孔子曾说：“文质彬彬，然后君子。”（《论语·雍也》）他十分重视外表与内在的统一，认为一个人的仪表很重要。

孔子对穿衣很讲究。比如针对衣服领子边缘的修饰，他提出“君子不以绀緅饰”（《论语·乡党》），就是不用不红不黑的颜色。对于“亵服”（休闲装或内衣），不应以红紫为色。在他眼中，红与紫色不太好，因为太扎眼、不柔和，不符合中庸之道。现代科学证明，红色和紫色在可见光谱的两端，是波长最短和波长最长的两种光波，确实比较刺目。看来圣人的感觉与科学研究是暗合的。

夏天很热，衣服不能穿太多。孔子说：“当暑，袗絺绤，必表而出之。”穿上贴身的衣服之后，外面再套上细葛布的外套，这样做的目的很明确，即尽量不把身体裸露在外。

孔子认为，到了冬天，黑色衣服应配以羔羊皮裘袍，白色衣服应配以麑皮裘袍，黄色衣服应配以狐皮裘袍。

因此，孔子穿衣的搭配原则是协调一致：里面衣服的颜色淡，外衣颜色也淡，反之亦然，否则即有胡乱搭配之嫌，有失中庸之道。

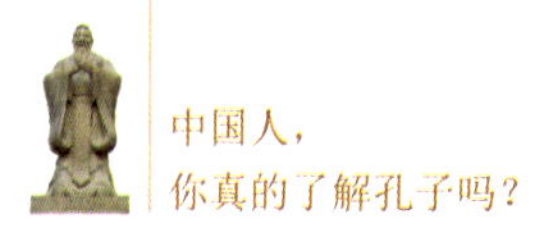

讲究饮食

孔子饮食的总体原则是“食不厌精，脍不厌细”。“食”指主食，“脍”指细切的鱼、肉。这个八字方针强调饭菜必须做得精细。

能吃的东西很多，说不过来，可哪些不能吃却很容易说明白。搞清楚哪些不能吃，对于能吃的也就心中有数了。对此，孔子认为：

> 食饐而餲，鱼馁而肉败，不食。色恶，不食。臭恶，不食。失饪，不食。不时，不食。割不正，不食。不得其酱，不食。……沽酒市脯，不食。
>
> 祭肉不出三日。出三日，不食之矣。（《论语·乡党》）

“饐”，是说食物因湿热而馊坏；“餲”，是指食物放久了变味儿；“鱼馁肉败”，是说鱼肉腐坏变质；“色恶”，是指食物颜色变得难看；“臭恶”，是指食物气味不好闻；“失饪”，是指食物没煮熟或煮过劲儿了；“不时”，是说米粮蔬菜没到成熟的季节；“割不正”，是说刀法不好，切得歪歪扭扭、乱七八糟的；“不得其酱”，是指没有酱料；“沽酒市脯”，是指在市场上买的酒、肉。

此外，还有几个原则：

第一，“肉虽多，不使胜食气”。按朱熹的说法，是指吃饭应以米谷为主食，肉可以多点儿，但肉不应超过主食。

换言之，应该多吃点儿粗食蔬菜，少吃点儿肉食，这也符合现在绿色饮食的要求。

第二，“不撤姜食”。吃饭时姜不要撤掉。生姜“通神明，去秽恶”，所以撤不得。

第三，“食不语”。吃饭时说话容易呛着，所以吃饭时不要说话。

孔子吃饭时要是碰上“盛馔”（大餐），“必变色而作”，就是他一定一边露出惊异的神色，一边直起身来。古人吃饭时习惯席地而坐，坐的方法是先把两腿并拢站着，然后膝盖弯曲慢慢着地，臀部一直往下降，直到最后坐在脚后跟上。“作”就是坐着的时候直起腰来，实际上是跪在地上，这样叫作“长跪”。“变色而作”倒不是因为看到丰盛的饭菜而惊讶，而是表示对主人的恭敬。由此可见，饮食之间也显君子之道。孔子曾告诫弟子们说：“君子无终食之间违仁。”（《论语·里仁》）对于饮酒，他特别指出：“惟酒无量，不及乱。”“出则事公卿，入则事父兄，丧事不敢不勉，不为酒困，何有于我哉！”（《论语·子罕》）孔子从来不为酒所困扰，也告诫人们不能为酒所困。

行止有度

孔子是万世师表，言行举止自是世人的模范。

孔子“席不正，不坐”。古人跪坐的时候，地上往往垫一块席子。孔子认为如果席子歪了斜了就不能坐。

“齐衰（zī cuī）”是五种丧服的第二种，表明穿“齐衰”的人和死者的亲属关系在第二等重要的位置。孔子碰到穿

“齐衰”的人，即使是非常亲密的人，也会立刻改变脸上的神色，显出严肃悲哀的样子；在路上碰到戴着礼帽的人和盲人，即便是经常相见的人，也一定有礼貌。

孔子后来官至大夫并曾代理丞相，有自己的专车。那时的车子，前面是“动力装置”（通常是马），后面是轮子。轮子上方有一个长方体的大木匣子，算是车厢，上面没有盖子，后面也没有挡板，人可以从后面上去。车厢顶上有像雨伞一样的盖，下雨时能防雨。人在车厢里面不像现在可以坐着，而是立在前面的挡板后面。挡板上面有一根横木，人站在车上可以扶倚着横木，以免车子颠簸时站不稳。孔子上车很讲究。他拉着绳子上车，上去后在挡板后面立正站好。他强调在车子里不要往后看，说话不要太快，也不要在车子里指手画脚。

关于睡觉，孔子说过：“食不语，寝不言。”“语”是“答述”，“言”是“自言”。吃饭时说话，对肺会有伤害。所以他主张吃饭的时候，要是别人问问题，不要回答。还有“寝不尸，居不容”。“尸”是尸体、死尸，意思是睡觉时不要像死尸那样。有些人睡着了太随意，不像个君子的样子。孔子这样说，就是告诫人们日常生活中也不应懈怠放肆，而应该保持恭敬持重的风采。

谨言慎行

什么样的人，说什么样的话，言语表现了一个人内在的品德修养。然而，人们知道言语能够彰显自己的德行，却不知道慎言才是培育德行的所在。心地真纯善良，说出

来的话自然真诚可信；心地平静祥和，就不会多嘴多舌，从而远离纠纷。因此，我们不但在言语方面需要自我克制，亦要努力培养一颗谦恭谨慎的心。

孔子到东周观光，前往瞻仰周的太祖后稷的祠宇。祠宇右边台阶之前有一座铜铸的人像，人像的嘴上有三道封条，背上刻着的铭文说：

> 古之慎言人也，戒之哉！戒之哉！无多言，多言多败；无多事，多事多患。安乐必戒，无行所悔。勿谓何伤，其祸将长；勿谓何害，其祸将大；勿谓不闻，神将伺人。焰焰不灭，炎炎若何？涓涓不壅，流为江河。绵绵不绝，或为网罗。毫末不札，将寻斧柯。诚能慎之，福之根也。曰是何伤，祸之门也。强梁者不得其死，好胜者必遇其敌。盗憎主人，民害其上。君子知天下之不可上也，故下之；知众之不可先也，故后之。温恭慎德，使人慕之；执雌持下，人莫踰之。人皆趋彼，我独守此；人皆惑之，我独不徙。内藏我智，不示人技。我虽尊高，人弗我害，谁能于此，江海虽左，长于百川，以其卑也；天道无亲，而能下人。戒之哉！

孔子读完铭文，回头对弟子们说："你们年轻人要记住啊！这些话很具体而又很中肯，说得合乎情理而又很有说服力。"

《诗经》曰："战战兢兢，如临深渊，如履薄冰。"若能这样谨慎地要求自己，还怕嘴巴会给自己招来祸害吗？明代大儒吕近溪有言"话多不如话少，话少不如话好"，《论语》曰“敏于事而慎于言”，《易经》亦曰“吉人之词寡，躁人之词多”，这些话都告诉我们，做人需谨言慎行。《弟子规》于此亦总结出不少深刻的教诲之语，诸如：“凡出言，信为先。诈与妄，奚可焉？话说多，不如少。惟其是，勿佞巧。”又如：“奸巧语，秽污词。市井气，切戒之……彼说长，此说短。不关己，莫闲管。”

言语需谨慎。所谓“祸从口出”，就是说闲谈是非及好言人短，常会引来不必要的麻烦。有人甚至因一句话说得不当，就招致意想不到的灾祸，甚至败家丧身。由此可见，言语不慎，岂不可畏？

好学不倦

孔子十分好学，他评价自己与他人的主要区别就在于自己十分好学：“十室之邑，必有忠信如丘者焉，不如丘之好学也。”（《论语·公冶长》）当然，孔子并非夸耀自己好学，而是希望大家也都能好学。当叶公问子路孔子是什么样的人时，子路没有回答。后来孔子对子路说：“女奚不曰：‘其为人也，发愤忘食，乐以忘忧，不知老之将至云尔。’”（《论语·述而》）

孔子的好学境界是非常高的，也无怪乎他的学问能“苟日新，日日新，又日新”（《大学》）。孔子好学，曾明确否认自己生而知之。他说：“我非生而知之者，好古，敏以求之者也。”（《论语·述而》）子贡曾问过孔子：“夫子圣矣乎？”孔子说：“圣则吾不能，我学不厌而教不倦也。”（《孟子·公孙丑上》）

孔子认为好学即目的，学就是为了学问本身。孔子的学生琴子开在《论语》中谈到了孔子为学的目的："吾不试，故艺。"可见，孔子为学的目的，是为做学问而做学问，别无其他功利目的。

孔子认为，一般人跟他求学不是为了学问本身，而是为了俸禄。他说："三年学，不至于谷，不易得也。"（《论语·泰伯》）在孔子看来，为学的最高境界就是"无知"。他曾说："吾有知乎哉？无知也。有鄙夫问于我，空空如也；我叩其两端而竭焉。"（《论语·子罕》）孔子所言的"无知"和"叩其两端而竭"，有点儿类似于现象学中提倡的面向实事本身。因此，孔子衡量"好学"的标准很高，他认为："君子食无求饱，居无求安，敏于事而慎于言，就有道而正焉，可谓好学也已。"（《论语·学而》）在众多的学生中，

孔子好学不倦（《圣迹图》）

他认为只有颜回是真正好学的：

> 哀公问："弟子孰为好学？"孔子对曰："有颜回者好学，不迁怒，不贰过。不幸短命死矣，今也则亡，未闻好学者也。"（《论语·雍也》）

在孔子看来，"不迁怒，不贰过"是为师好学之要旨，颜回就是这样的人，他真正具有为师意识，可以当一个像孔子一样有师道的老师。

好学，主要应该学什么？主要是学"仁"，和学生讨论"仁"，引导学生学会做人。《论语·里仁》篇中的内容主要就是孔子和学生讨论"仁"的。

孔子认为教育的宗旨是"文、行、忠、信"（《论语·述而》）。从其行文看，他似乎首先重"文"，其实他还是更加注重通过言传身教引导弟子们学会如何做人。"行、忠、信"这三者主要阐明的也是应该如何做人。

诗思无邪

孔子早年汲汲奔走于各国，推行自己的政治主张，却始终郁郁不得志，晚年回到鲁国后开始整理古籍，其中对《诗经》的整理与提倡是他的重要贡献之一。

《诗经》约成书于春秋中期，原称为《诗》，汉代尊崇儒术，升格为经，故而后世将其称为《诗经》。现存《诗经》三百零五篇（另外六篇笙诗，有名目无内容），其中《国风》一百六十篇，《小雅》七十四篇，真实地再现了西周

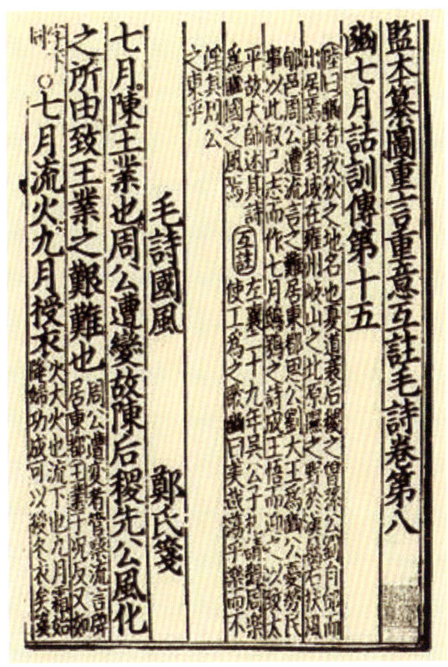

監本纂圖重言重意互註毛詩卷第八

豳七月詁訓傳第十五

毛詩國風　鄭氏箋

七月陳王業也周公遭變故陳后稷先公風化之所由致王業之艱難也

七月流火九月授衣

《诗经》书影

初年到春秋中期大约五百年间从爱情、劳动到阶级矛盾，从规劝到无休止的战争等社会生活；《大雅》三十一篇，《颂》四十篇，热情地追述了三代君主的创业史，歌颂了他们的丰功伟绩。整部《诗经》以纯粹自然的文学形式、写真纪实的叙述笔调和反复咏叹的表达手法，为后世文学树立了不可逾越的丰碑，成为我国文学、经学、历史研究、民俗研究等方面的重要文献，堪称记载中华民族早期文明的一部优美的史诗，也是我国历史上第一部诗歌总集。

《诗经》自产生至今，虽历时数千年却得以完整保存并广泛流传，在这个过程中，不少人做了大量系统的整理、润色和注解工作。其中孔子就是这其中最早也是最杰出的一位。

“思无邪”（《论语·为政》），是孔子评价《诗经》的著名观点。“思无邪”主要有两方面内容。第一，在文学创作理论上，孔子强调作者的态度和创作动机。北宋理学家程颐说“思无邪者，诚也”，就是说要“修辞立其诚”，要表现真性情，在纷繁的内容中实现“文以载道”，在客观效果上实现“乐而不淫，哀而不伤”（《论语·八佾》）。第二，从思想上说，“思无邪”就是要归于正诚，如司马迁在《屈原列传》中所说：“国风好色而不淫，小雅怨诽而不乱。”“邪”和“正”一定要有个标准，这个标准就是“仁”。著名哲学家冯友兰说这个标准是“非礼勿视，非礼勿听，非礼勿言，非礼勿动”（《论语·颜渊》），还要加一个“非礼勿思”（《中国哲学史新编》第一册第四章第三节），实质上也就是“仁”。孔子说“克己复礼为仁”，这个“仁”要比冯友兰的五个“礼”所规定的范围广得多。

清人刘宝楠在其《论语正义》中说：“思无邪者，此诗之言。诗之本体，论功颂德，止僻防邪，大抵归于正，于此一句，可以当之也。”孔子所谓“无邪”就是指思想纯正而不邪，符合儒家的政治道德标准。他对诗人也罢，对读诗人也罢，主张就是“正”而“不邪”。

孔子一向重视诗教的作用。他说：“兴于《诗》，立于礼，成于乐。”（《论语·泰伯》）《论语集解》引包咸注曰：“兴，起也。言修身必先学诗。”朱熹《集注》曰：“兴于《诗》，兴，起也。诗本性情，有邪有正，其为言既易知，而吟咏之间，抑扬反复，其感人又易入。故学者之初，所以兴起其好善恶恶之心，而不能自已者，必于此而得之。”朱熹这里将“兴于《诗》”的含义说得明明白白，阐明了反复吟咏诗作对于兴起好善之心、陶冶情操有着重要的作用。孔子认为学《诗》是修身立行的开始，但还要学礼，故曰：“不学礼，无以立。”（《论语·季氏》）学了《诗》，学了礼，还要学乐，用音乐陶冶性情，最终形成德行。这样，一个人的道德就能修成了。

仁爱乐生

孔子是个多才多艺、兴趣广泛的人。

孔子喜欢听音乐：“子在齐闻《韶》，三月不知肉味，

舞雩图

曰：‘不图为乐之至于斯也。’”（《论语·述而》）他在齐国听到古老的《韶》乐，陶醉了很长时间，连吃肉都不觉得有味道了。孔子还喜欢唱歌：“子与人歌而善，必使反之，而后和之。”（《论语·述而》）孔子与他人一起唱歌，如果那人唱得好，一定请他再唱一遍。孔子边学唱，边与他合唱一次。孔子还整理过散乱的音乐文献：“吾自卫反鲁，然后乐正，《雅》《颂》各得其所。”（《论语·子罕》）他从卫国回到鲁国后，把收集到的音乐分类整理，《雅》和《颂》归于它们应在的位置。所以说，孔子酷爱音乐已达到专业境界，这并非溢美之词。

在不断学习、求道的同时，孔子也在追求一种闲适自由的生活。一次他与学生闲聊，让大家谈谈各自的理想与志趣。曾皙说：“莫春者，春服既成，冠者五六人，童子六七人，浴乎沂，风乎舞雩，咏而归。”（《论语·先进》）曾皙与众不同，他说自己的理想是：暮春三月，脱去棉衣，穿上春服，同五六个成年人，带上六七个儿童，在沂水中戏水沐浴，到舞雩坛上吹吹风，然后唱着歌一路走回家。

孔子听后，喟然叹曰：“吾与点也！”他同意曾皙的主张，同时道出了自己对闲适生活的羡慕与向往。他认为，精神上的惬意放松比物质享受还要好。

孔子周游列国十四年，其间虽有壮志未酬的苦闷，但也有寄情山水、饱览风光的惬意。他曾在山水间深情地慨叹：“逝者如斯夫！不舍昼夜。”（《论语·子罕》）水之流、时间之流、生命之流，都在瞬间匆匆流逝，都在不舍昼夜地流走，挽留不住，后悔无用。面对一去不复返的生命之流，每个人都在扪心自问该怎么办。孔子的慨叹是人类这一普

遍情绪的真实表达，所以总能引起人们的共鸣。

孔子不但对水寄情颇深，与山也有着不解之缘。孔子名丘，就是山的意思，他的出生就和山有关。尼山海拔为340多米，位于泰山山脉的东南。据说，孔子的母亲就在尼山上的山洞里生下了他，那个山洞后来被称为夫子洞。

泰山在孔子心目中是极其崇高的，他还把自己暗喻为人中之泰山。他在生命的最后几天中，所歌唱的就是："泰山其颓乎！梁木其坏乎！哲人其萎乎！"（《礼记·檀云上》）他把自己看作泰山一样的人物。这并不是不谦虚，而是对自己正确的价值定位。历史早已证明孔子是人中之泰山、中国文化之泰山。

孔子不仅对山水寄情深厚，对生灵万物也同样充满了仁爱之心。《孔子家语》中记载，他看到自家的狗死了，便对子贡说：平常驾车的马死了，应该用帷幔包裹起来埋葬。现在狗死了，应该用车盖包裹起来埋葬。但是我现在很穷，要找条旧车盖都找不到呀。子贡问：那用什么呢？孔子说：拿一领席子把它裹起来吧。千万不要让它的脸、身体和泥土直接接触。

生活中，孔子除了种树养狗，还喜欢钓鱼和狩猎。不过，他钓鱼和狩猎都很有讲究。《论语·述而》载："子钓而不纲，弋不射宿。""纲"是指将一根大绳子拉在河的两岸，然后在绳子上挂上一个个小钩子。这样一钓，大大小小一排鱼都会上钩。用这个办法钓鱼，孔子觉得于心不忍。"弋不射宿"是说，对于晚上已经归巢的鸟，孔子就不会去射它了。由此可见，孔子是一个亲近自然万物的圣人，一个心地善良的哲人。

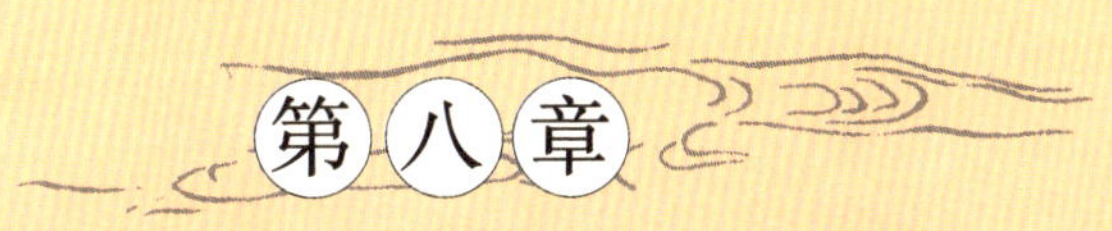

第八章

泽被万世

——孔子与儒家学派

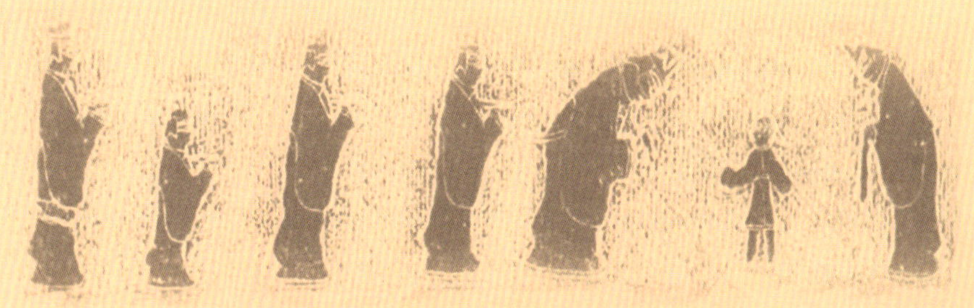

儒学溯源

在中国古代社会，到殷代有了专门负责冠婚丧祭司仪的祭官，他们精通当地的风俗文化和礼仪习惯，这些祭官就是早期的儒，或者称为术士，属于早期的知识分子阶层。“儒”的本义是柔，是指不事生产的贵族的筋骨之柔。另有一种说法认为，“儒”字通“濡”，是指学习以先王之道浸润其身的人。

甲骨文中有“儒”“帝子”“儒人”“儒师”“子儒”的记载（见《甲骨续存》11859片，《京都甲骨》2894片，《铁云藏龟》1683片，《殷墟文字乙编》7715片），由此可见，殷商时代，“儒”已经是一种代表着高贵的称谓，它往往和帝子、公子、国师联系在一起。

箕子像

殷商末期的箕子，被称为儒学的先驱。他是中国历史上第一个有可考著作传世的思想家，其代表作《洪范》是中国古代政治哲学重要的奠基之作。其中的五行学说、天人感应学说、王道学说都具有开创意义，对后世产生了巨大的影响。

春秋以前，“学在官府”；到了春秋晚期，社会急剧动荡，“天子失官，学在四夷”，出现了“学术下移”、私学勃兴的现象。孔子从未以“儒”自称，他曾对子夏说：

“女为君子儒，无为小人儒。”（《论语·雍也》）所谓“小人儒”，是以礼乐知识为贵族富人相礼谋生的人，或为民间的礼仪活动服务的人；所谓“君子儒”，不是那些专门从事“相礼”的术士之儒，而是担负起了创立礼治或礼教的角色。

孔子借鉴丰富的上古文化资源，创建了以“道德仁义”为宗旨、以“礼乐正名”为特色的思想体系，使“儒”由过去对术士的泛称，变为一个独立的思想学派——儒家。

孔子曾这样回答鲁哀公的问话，说明了儒家的人格修养和表现：“儒有席上之珍以待聘，夙夜强学以待问，怀忠信以待举，力行以待取，其自立有如此者。”“儒有衣冠中，动作慎，其大让如慢，小让如伪，大则如威，小则如愧，其难进而易退也，粥粥若无能也，其容貌有如此者。”（《礼记·儒行》）因此，可以这样概括：儒家是这样一群人，从事学业的称儒生，投笔从戎的称儒将，以医施术的称儒医，从事学术的称儒者，入仕从政的称儒臣，执掌政权的称儒君，史册专门辟有“儒林传”来记述这些人。

孔门弟子

孔子一生桃李满天下，门下弟子三千多人，其中贤者有七十二人。他的得意弟子有颜回、子路、子贡、子游等人。

颜回　鲁国人。在孔门弟子中，颜回是学习最勤奋的一个。尽管学习条件极其艰苦，但他毫不在意，反而愈加勤奋。孔子曾赞扬他说，颜回了不起，每顿只吃一碗饭，只喝一碗汤，住在陋巷中，忍受着别人难以忍受的艰苦，

却丝毫动摇不了他的远大志向，真了不起。

颜回一生坎坷，二十九岁时头发就白了，三十多岁就去世了。颜回去世后，孔子痛哭流涕说，颜回是我最好学的弟子，自从他投到我门下，弟子们都变得更加勤奋好学了，彼此之间的关系也更加融洽了。可惜他英年早逝，我恐怕再也不会有他这样刻苦认真的好学生了。

颜回像

子路 原名仲由，鲁国人。子路朴实无华，孔武有力，经常佩着一把长剑，游走四方。他曾经对孔子无礼，后来在孔子的教育下，投师学艺。子路对政治尤其感兴趣，曾向孔子询问为政的诀窍。孔子说，为官就要以身作则，为老百姓做楷模，还要勤政爱民，永不懈怠。

子路像

后来，子路果然做了官，替大夫孔悝管理封地。孔悝同他人谋反，子路大骂孔悝背叛先君，遭到攻击而无法招架，帽带被割断，子路大喝一声说，君子不会让帽子掉在地上，哪怕临死前也要把帽子戴正。说完，子路戴正帽子，从容不迫，被杀死于高台之下。

子贡 原名端木赐，字子贡。他颇有外交天才，能言善辩，孔子有时也被他辩得理屈词穷。

陈子禽曾问子贡，孔子的学问从何而来？子贡说，周文

子贡像

子游像

王、武王的仁义之道一直流传至今，并没有和他们一起淹没于地下，贤能的人能领悟其中的大道理，凡夫俗子只能领会其中的一部分。既然这个世界上到处都是文王、武王的仁义之道，那么，孔夫子从哪儿不能学习呢？他学习为什么一定要有老师呢？

陈子禽又问，孔子周游列国，每到一处，都对当地的政治了如指掌。这些情况是他向人打听来的，还是别人主动告诉他的呢？子贡说，夫子打听消息的途径不同于一般人，他是用温和、善良、恭敬、俭朴、谦让得来的。

子游　姓言，名偃，字子游，亦称“言游”“叔氏”，吴国人。子游胸襟广阔，位列文科第一名，孔子曾称赞他：“吾门有偃，吾道其南。”孔子认为有了子游，自己的学说才得以在南方传播。子游跟随孔子学习时，熟读各种文化典籍，并且善于将所学到的知识用于实践。后来，子游学有所成，做了武城的长官。

一天，孔子路经武城，子游到城外迎接。子游正在向孔子嘘寒问暖的时候，城内传来阵阵琴瑟鸣奏、演唱诗歌的声音。孔子笑着说，杀鸡焉用牛刀。治理这样的一座小

县城，还用得着礼乐教化吗？子游回答说，我既然跟您学了礼乐教化的知识，当然要将它用到实践之中去。

儒分为八

“儒分为八”的说法源自《韩非子·显学》，其文曰：“自孔子死后，有子张之儒，有子思之儒，有颜氏之儒，有孟氏之儒，有漆雕氏之儒，有仲梁氏之儒，有孙氏之儒，有乐正氏之儒。”

颜氏之儒系颜回首创，由其弟子传承，然而因颜回无著作，其传承脉络不可考。仲梁氏之儒、乐正氏之儒也无所考究，难知其说。孟氏之儒是指孟子，孙氏之儒是指荀子，其学说广为人知。这里主要介绍子张之儒、子思之儒和漆雕氏之儒。

子张　姓颛项，名师，字子张，春秋末陈国人，少孔子四十八岁。他生性爽直，很有侠义精神。

子张像

子张崇信孔子的“忠”“信”学说，把忠信、敬笃等字书写在自己的衣带上以示不忘。他还崇信孔子的爱人、尊贤思想，乐于亲近忠诚讲信用的人。子张交友广泛，甚至因此而被孔子所批评。这是因为孔子所强调的“爱”是差等之爱，而在子张那里已经强

子思像

调“容众”和“矜不能”，接近于后来墨家的“兼爱”了。子张之儒后来受墨家影响很大。

子思 孔子的嫡孙，师从曾子。对他的记载主要在《孟子·公孙丑下》《孟子·万章下》和《孟子·离娄下》中，从中大略可以看出子思注重对君臣等礼制的维护，注重个人的道德修养和诚信，不贪图安逸富贵，很有曾子的风范。可惜相关资料太少，今已无从深入了解。

漆雕开 字子开、子若，春秋末鲁国人。

漆雕氏之儒，是指漆雕开及其弟子形成的儒家学派，有《漆雕子》十三篇传世。

漆雕开注重孔子所说的“智”“勇”“仁”，并有自己独立的精神，不愿意做官。这和孔子的“学而优则仕”有很大差别。在人性论方面，他坚持认为人性有善有恶。

漆雕开像

实际上，“儒分为八”只是一个笼统的说法。孔子有名的弟子当中，思想上有许多分

歧和差异，他们在擅长的学问上也有很大的不同，这些不同是儒学产生变化的一个重要根源。同时，孔子在几十年的教学生涯中，自己的思想也在不断发生变化，对于不同时期的弟子，教授的侧重点也各有不同，这是儒学产生变化的另一个根源。另外，在面临外界学说的挑战中，孔门弟子从不同角度予以回应，也造成了儒学的变化。

儒学变化的最终根源，在于孔子自身思想体系的矛盾，在于其思想体系的不完备性。孔子所建立的儒学，仅仅是建立了儒学的框架，尚不可能对所有的问题予以精确的描述和解决，其内容的充实与完善大多是在后世完成的。

孔子与孟子、荀子

孔子是儒家学派创始人，是春秋时期儒家学派的代表人物。他提出的“仁”，具有古典人道主义的性质；他主张“礼”，以维护周礼为己任。儒家文化后来发展成为中国古代的正统文化。

孟子像

孟子名轲，字子舆，战国时期邹人，受业于孔子之孙子思的门下，被认为是孔子嫡系正传。子思、孟子一派儒家被称为“思孟学派”。孟轲被后世尊为“亚圣”。

孟子继承并发展了孔子的“仁”的思想，提出了“仁政”的政治主张。他提出了“民贵君轻”的思想，主张“政在得民”，反对苛政；主张给农民一定

荀子像

的土地，不侵犯农民的劳动时间，宽刑薄税。他还提出了“人性本善”的观点，这是他主张施行“仁政”的理论基础。

荀子名况，字卿，战国末期赵国猗氏（今山西省安泽县）人，著名的思想家、文学家、政治家，儒家学派的代表人物之一。荀子尊孔子为圣人，但反对以孟子和子思为首的“思孟学派”的哲学思想，认为子贡与自己才是真正继承了孔子的思想。

荀子认为人生来就想满足自己的欲望，若欲望得不到满足便会发生争端，因此提出“人性本恶”的观点，主张需要由“圣王”及“礼法”的教化来“化性起伪”，使人格得以完善。荀子对儒家思想有所发展，人们常将其提倡的“性恶论”与孟子的“性善论”作比较。在重整儒家典籍方面，荀子也做出了很大的贡献。

孔子开创了儒家学派，孟子继承并发展了孔子的“仁”的思想，提出了“仁政”的政治主张，所以孔子和孟子是师承关系；荀子继承并发展了孔子的思想，提出了“人性本恶”的观点，主张使用“礼法”进行教化，故而孔子和荀子也是师承关系。

春秋三传

“春秋三传”就是注释《春秋》的书，有左氏、公羊、

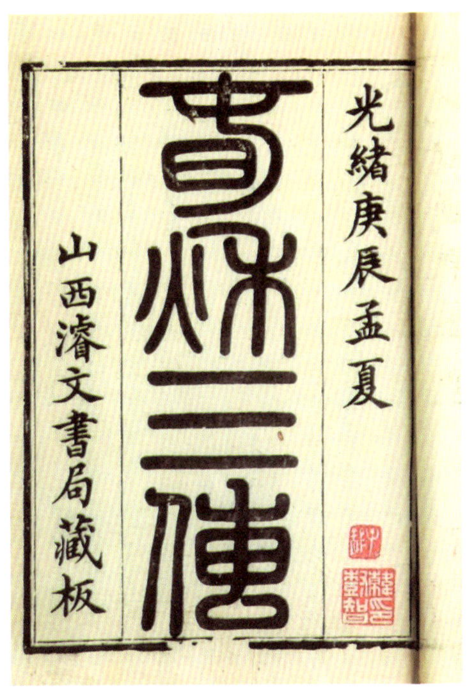

光緒庚辰孟夏

春秋三傳

山西濬文書局藏板

春秋三传书影

穀梁三家。另有邹氏、夹氏二家，早在汉代即已失传。《汉书·艺文志》《史记·十二诸侯年表》将春秋三传的渊源说得很详细。

相传孔子以鲁国史料为依据作《春秋》一书，《春秋》是按时间编写的，只有对历史事件的大略记载。《左传》（即《左氏春秋》）与《公羊传》（即《公羊春秋》）、《穀梁传》（即《春秋穀梁传》）合称“春秋三传”，都是详细阐释《春秋》的书。左、公羊、穀梁相传均为作者的姓氏。其中，《左传》对《春秋》的阐释重在记事，对《春秋》里原本很简单的记载进行了详细的补充，因为书中多是以记叙为主的史料，所以今天被提及最多；《公羊传》释史十分简略，着重于阐释《春秋》的微言大义；《穀梁传》则着重于解释《春秋》里的字词，并说明义理。

性善说与性恶说

孟子和荀子都是我国先秦时期著名的思想家，他们对人性问题分别给出了自己的答案：孟子主张人性善，荀子主张人性恶。二者是人性论的典型代表。

孟子认为：

> 仁义礼智，非由外铄我也，我固有之也，弗思耳矣。（《孟子·告子上》）
>
> 君子所性，仁义礼智根于心。（《孟子·尽心上》）

其大意是说，人身上的仁义礼智等不是由别人给予的，而是人本身固有的，只不过人们没有认真思考过罢了。他还指出“尧、舜，性者也”，即尧、舜之所以能实行仁义，不是由于别的什么原因，而是因为他们的本性就是如此。

荀子指出：

> 凡性者，天之就也，不可学，不可事……不可学，不可事，而在人者，谓之性。（《荀子·性恶》）

孟子反对把人生而就有的食、色之本能当作人的本性，认为仁义礼智才是人的本性。荀子则认为人的仁义礼智等道德行为不是先天就有的，而是通过后天的学习才得到的，因而不能看作人的本性。荀子认为，人有生之本能，食、色之欲，又有道德善行。道德善行等道德意识不是人先天就有的，而唯有先天就有的东西才是人的本性。

二人对于人性内容的看法不同，必然导致对人性是善还是恶执不同的态度。孟子把人的仁义礼智看作是人之为人、人区别于动物的本质属性，因而他认为人的本性是善的：

> 人性之善也，犹水之就下也。人无有不善，水无有不下。（《孟子·告子上》）

意思是说，人性之所以是善的，是因为人有仁义礼智的善端。

> 恻隐之心，仁之端也；羞恶之心，义之端也；辞让之心，礼之端也；是非之心，智之端也。（《孟子·公孙丑上》）

意思是说，正因为人具有仁义礼智之善端，所以人性才是善的。

由于荀子把人先天生就的自然本能看作人的本性，因而他认为人的本性是恶的。他指出：“人之性恶，其善者伪也。”原因是：

> 今人之性，生而有好利焉，顺是，故争夺生而辞让亡焉；生而有疾恶焉，顺是，故残贼生而忠信亡焉；生而有耳目之欲，有好声色焉，顺是，故淫乱生而礼义文

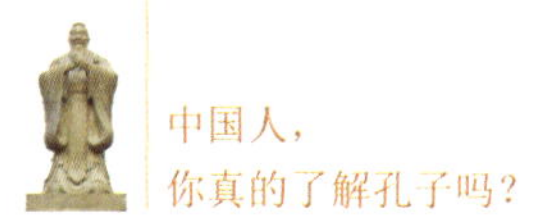

理亡焉。然则从人之性，顺人之情，必出于争夺，合于犯分乱理而归于暴。（《荀子·性恶》）

此外，荀子还把人欲为善和人需要道德礼法的约束与规范作为人性恶的证据。

孟子把人的仁义礼智看作是人之为人的本性，但他并没有完全否定人的自然性，还承认人的口眼耳鼻的本能是人的天性。荀子把人的自然性视为人的本性，但他认为不能任由人的自然性随意发展，如若顺着人的本性发展，那么社会生活将无法进行，因而人的自然性需要社会道德和礼法来矫饰。

孟子故居（在今山东省曲阜市）

孟子在人性善的基础上提出了“存放心，养其性”，荀子则在人性恶的基础上提出了要“化性起伪”；孟子的存心养性强调的是自我修养，荀子的化性起伪强调的则是外在的教育引导作用。

孟子认为：“人性之善也，犹水之就下也。人无有不善，水无有不下。”（《孟子·告子上》）他用水必然向下流这样一种现象来说明人性善的必然性，但他难以解释社会现实中人们的恶行为何存在。为了解决这个矛盾，逃避人们的责难，他提出了存心养性的理论，即认为人的本性（心）是善的，是与禽兽不同的，由于有的人不知道保守自己的本心，不知道加强自己的善性，而把本心放了，把本性灭了，结果才变得和禽兽差不多了。因此，人要真成为人，要想使自己不走向禽兽的境地，就要努力保守人的本性。他强调：“尽其心者，知其性也。知其性，则知天矣。存其心，养其性，所以事天也。”（《孟子·尽心上》）即人应尽最大努力修养善心，保持人的善心，培养人的本性。

荀子则认为：“人之性恶明矣，其善者伪也。”（《荀子·性恶》）即人的本性是恶的，善是后天人为而形成的。他认为人之所以能由性恶变成性善，完全是后天礼法教育的结果。尽管荀子认为人的本性是恶的，但他认为人的本性不是不可以改变的，通过礼法的教化，化性起伪，就可以变恶为善。

谶纬之学

“谶纬”是中国古代谶书和纬书的合称。

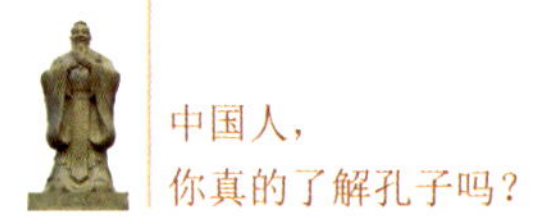

“谶”是秦汉间巫师、方士编造的预示吉凶的隐语。方士把自然界的一些偶然现象称作天命征兆，根据其编造出了一些隐语或预言，因常附有图，所以又称图谶。谶的记载，当以《史记·秦始皇本纪》所载卢生奏《录图书》之语为最早。

“纬”是汉代附会儒家经义衍生出来的一类书，内容萌芽于伏生的《尚书大传》和继起的董仲舒的《春秋繁露》。同为神学预言，谶的产生先于纬。谶纬之学其实也就是对未来的一种政治预言。

汉武帝以后，才出现了托名于经书的纬书。当时《诗》《书》《礼》《易》《乐》《春秋》六经和《孝经》都有纬书，总称为“七经纬”。它们又与《论语谶》《河图》《洛书》等合称为“谶纬”，共有八十一篇：《河图》九篇，《洛书》六篇，又别有《河图》和《洛书》三十篇；还有“七经纬”三十六篇。此外，另有《尚书中候》《洛罪极》《五行传》《诗推度灾》《氾历枢》《含神务》《孝经勾命诀》《援神契》《杂谶》等书。汉末，郗萌搜集了图纬谶杂占五十篇，合为《春秋灾异》。

这些书总的思想属于阴阳五行体系，其中虽包含一部分有用的天文、历法、地理知识和古史传说，但绝大部分内容荒诞不经，可以穿凿附会地作几种不同的解释，并可任意证实其中一种是“正确”的，主要目的是为改朝易代制造根据。王莽、汉光武帝都曾利用图谶来印证自己登上帝位乃是天命，取得政权以后，发诏颁命、施政用人也常引用谶纬；汉光武帝中元元年（56年）又正式“宣布图谶于天下”，将其定为必读书，“言五经者，皆凭谶纬说”。

儒生为了利禄都兼习谶纬，称“七经纬”为“内学”，而原来的经书反被称为“外学”。至此，谶纬的地位实际上已凌驾于经书之上。其后，汉章帝又召集博士和儒生于白虎观讨论五经同异。之后班固写成《白虎通德论》，把谶纬和今文经学糅合在一起，使经学进一步谶纬化。

自哀帝、平帝至东汉，在帝王们的提倡和支持下，加之俗儒的附和，谶纬之学盛行于世，成为统治阶级的主流思想。但一些有见识的学者，如桓谭、尹敏、郑兴、张衡和王充等对此坚决反对，并揭露和批判了谶纬的荒谬无稽。张衡还提出了禁绝谶纬的主张。

图谶曾被隋炀帝禁毁，但在唐代仍断续流行。不仅《唐书》和《新唐书》中有“经纬”和“谶纬”之目，就连《九经正义》也仍遵信谶纬。直至欧阳修作《论删去九经正义中谶纬札子》，南宋学者魏了翁作《九经要义》删去了谶纬之说后，谶纬才无人信从了，此类书籍遂至散佚。孙瑴《古微书》、殷元正《纬书》、马国翰《玉函山房辑佚书》和黄奭《汉学堂丛书》中都有辑录，而以赵在翰所辑《七纬》和乔松年的《纬》较为完备。近年来，日本学者安居香山和中村璋八又将以往各家所辑佚文汇集为《纬书集成》，是为此类书的总汇。

理学与心学

程朱理学　广义的理学泛指以讨论天道性命问题为中心的整个哲学思潮，狭义的理学专指程朱学派。理学肇始于北宋的周敦颐，奠基于程颢、程颐，完成于南宋的朱熹。

程颐像

程颢像

朱熹像

朱熹集前人之大成，建立了理学体系。他把太极之理作为哲学的最高范畴，提出了系统的格物致知说和知行学说，建立了完整的人性学说和有关修养方法的学说。

陆王心学 陆王心学指中国宋明时期以陆九渊、王守仁为代表的哲学流派。南宋时，针对朱熹等人的“理”在人心之外的观点，陆九渊提出“心即理”；针对朱熹“即物”才可“穷理”的理论，陆九渊提出了更为便捷的“发明本心”的主张。到明代中期，王守仁提出“心外无物”“心外无理”的命题，在认识论上主张“致良知”和“知行合一”。

程朱理学认为世界的本原是外在的“理”，“理”在人心之外，主张“即物而穷理”，是客观唯心主义；陆王心学认为世界本原是内在的“心”，认为“心即理”，主张“宇宙便是吾心”“心外无物”“心外无理”，是主观唯心主义。程朱理学主张只有深刻探究万物，以外在的天理为行为规范，才能真正得到其中的“理”；陆王心学则认为人天生具有良知，天理就在自己心中，不需要通过世界外物或者咬文嚼字埋首经书，只要通过内心的自修自省，

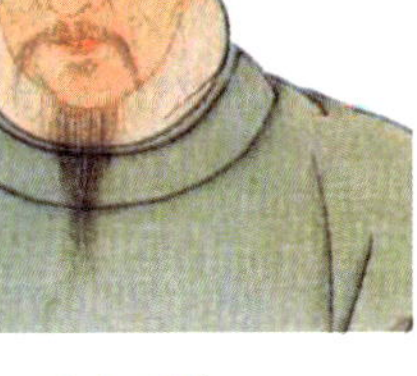

陆九渊像　　王守仁像

克服私欲，就能回复良知，成为圣贤。程朱理学偏重于外在工夫，主张“格物致知”（格物，接触事物；致知，获得知识），即通过对外物的考察来启发内心潜在的良知；陆王心学则偏于内在工夫，主张“致良知”和“知行合一”，认为良知是存在于人心中的天理，但良知容易被私欲侵蚀，所以要努力加强道德修养，用良知支配自己的行为实践，去掉人欲，以恢复良知。程朱理学要求个人修养要以敬畏天理为准则，当人的私欲与天理冲突时，要“存天理，灭人欲”；陆王心学重视个体的主动作用，具有一定的思想解放作用。程朱理学是南宋及明清时期的统治思想，影响深远；陆王心学的影响不及程朱理学。

乾嘉学派

乾嘉学派是清代乾隆、嘉庆时期，学术思想领域出现的一个以考据为治学主要内容的学派。因为它采用了汉代儒生训诂考订的治学方法，与着重理气心性、抽象议论的

宋明理学有所不同，所以有“汉学”之称。这一学派的文风朴实简洁，重证据罗列而少理论发挥，所以又有“朴学”“考据学”之称。

清代乾嘉学派的出现，一般认为是清朝封建统治阶级残酷镇压和笼络羁縻臣民政策的产物。雍正、乾隆时期，清朝的统治相对稳定，清政府对文人采取了严酷的统治政策；尤其是乾隆时期，屡次禁毁书籍，大兴“文字狱”。当时的文人学士不仅不敢抒发己见、议论时政，即使是诗文奏章中有一言一字的疏失，也有可能招致杀身灭族的惨祸，因而文人学士倾向于把时间和精力用在古代典籍的整理上，寻章摘句，逃避现实。乾隆即位后，大力提倡经学的考据，一些达官贵人如阮元、毕沅等，也出面倡导经学，遂蔚成风气，形成学派。

考据作为治学的一项内容和一种方法，各朝各代都存在，但乾嘉学派专门从事考据，把学术全部纳入考据的轨道，在考据和学问之间画了等号，他们反对宋明理学好发空论、言之无物的弊病，走上了从书本中寻找疑难问题进行考据的务实道路。因此，他们在思想发展史上建树不大，在学术研究方面却有一定的造诣和贡献。

乾嘉学派重视客观资料，不以主观想象轻易下判断，广泛收集资料、归纳研究，表现出了细致、专一、锲而不舍等可贵的治学精神；但是，乾嘉学派也存在着严重的缺点：脱离实际、繁琐细碎。

脱离实际主要表现在厚古薄今、舍本求末。他们用形式逻辑的归纳法考订问题，把同类材料罗列一起，旁征博引，然后得出结论，只讲证据，不讲道理。结果在细枝末节上

功夫很深，却造成了不通世务，不切实用，考据愈细愈是无用的后果。

繁琐细碎主要表现在许多考据家的作品都是以繁为贵。一字的偏旁，音训考证动辄千言。为了标新立异，解释一个字的古义，疏至盈千累百，议论不休。结果是杂引衍流，不知所归。学者们将毕生的精力耗于一字一句的正讹，一名一词的渊源，造成了很大的浪费。嘉庆以后，有人从不同的角度对考据学派提出了异议和批评，乾嘉考据学随之开始由极盛转向衰落。

现代新儒家

现代新儒家可分为三代：第一代是 1921 年至 1949 年，代表哲学家有熊十力、梁漱溟、马一浮、张君劢、冯友兰、钱穆；第二代是 1950 年至 1979 年，代表哲学家为方东美、唐君毅、牟宗三、徐复观；第三代是 1980 年至今，代表哲学家有成中英、刘述先、杜维明、余英时等等。其中张君劢、唐君毅、牟宗三、徐复观曾联署发表《为中国文化敬告世界人士宣言》，强调“心性之学”为了解中国传统文化的基础。

现代新儒家是一个产生于二十世纪二十年代初期一直发展到现在的学术思想流派，这一学派力图在现代中国恢复儒家思想的主导地位，重建儒家的价值系统，并以此为基础来吸纳、融合、会通西学，以谋求中国文化和社会的现代化。

新儒学在一定意义上是一种文化哲学，强调中国传统文化的一本性和优越性，认为从尧、舜、禹、汤、文、武、周公、孔、孟到程、朱、陆、王有着一脉相承的“道统”；认为中国文化的最高理想是儒家人文主义，它是道德精神和宗教精神的统一；认为儒家的心性之学是中国传统文化的本原和核心；认为只有在对中国传统文化充分认同的基础上，才谈得上对西方文化的吸纳和会通。

新儒家的学说被称为“新儒学”，它是与马克思主义派、自由主义西化派并称的中国现代三大思潮之一，是中国现代文化保守主义的主要思想代表。

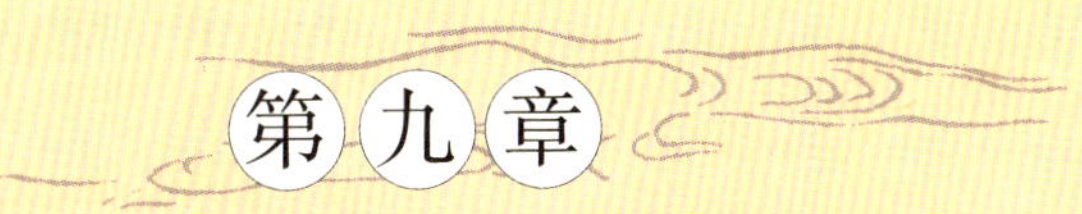

第九章

内圣外王

——中国人的安身立命之道

三纲领、八条目

《大学》着重阐述了个人修养与社会政治的关系，提出了宋儒称作“三纲领”和“八条目”的理论思想。“三纲领”和“八条目”是儒家实现“内圣外王”的根本方法。“内圣”也就是“八条目”所说的“格物、致知、诚意、正心、修身”；“外王”则是“八条目”中的“齐家、治国、平天下”。

《大学》书影

“三纲领”之说：

> 大学之道在明明德，在亲民，在止于至善。

“明明德”指任何人都禀受于天，拥有至灵而不被污染的本性，这种本性能够与天地相沟通。“明明德”是肯定人类生来具有灵明的德性，现在要加以彰明，使之自觉。人之行善避恶，并非社会规范所外加的义务，却有内在本然的基础。道德实践的价值是由内而发的，人性是向善的。

“亲民”指帮助其他人去除污染心灵的东西，使他们也能够达到与自己的心灵同样纯洁的境界。觉悟“明明德”

此一天生能力之后，就须“亲民”，亲者新也，日新又新，使自己无时无刻不在行善之途上前进。人生要面对诸多变化生灭，唯有在遵循内心向善的要求，日新其德，才可以永远做个新人。

“止于至善”指心灵获得最大程度的自由，达到自然与事物发展相统一的境界。“明明德”和“亲民”的一切方向是“止于至善”。以“止于至善”为方向或目标，等于是永无止境的期许。

“八条目”是修养方法，每一个条目都以前一个条目为条件，前四条是“修身”的方法，后四条是“修身”的社会价值。

八条目之说如下：

> 古之欲明明德于天下者，先治其国；欲治其国者，先齐其家；欲齐其家者，先修其身；欲修其身者，先正其心；欲正其心者，先诚其意；欲诚其意者，先致其知；致知在格物。
>
> 物格而后知至，知至而后意诚，意诚而后心正，心正而后身修，身修而后家齐，家齐而后国治，国治而后天下平。

“格物”就是要求人们亲历其事，亲操其物，即物穷理，增长见识；在读书中求知，在实践中求知，而后明辨事物，尽事物之理。

“致知”就是求为真知。从推致事物之理中，探明本心之知。如一面镜子，本来全体通明，只因被事物昏蔽，

暗淡不清，现在要逐渐擦去灰尘，恢复光明，便有了真知。所谓“知”，指道德意识而言，知既至，则能明是非、善恶之辨，闻见所及，胸中了然。所以说，“物格而后知至”。

“诚意”就是要意念诚实。知既尽，则意可得而实，发于心之自然，不再有所矫饰，自然能做到不欺人，亦不自欺，在“慎独”上下功夫，严格要求自己，修养德行。此即“知至而后意诚”。

“正心”就是要除去各种不安的情绪，不为物欲所蔽，保持心灵的安宁。意不自欺，则心之本体，物不能动，而无不正。心得其正，则公正诚明，不涉感情，无所偏倚。故“意诚而后心正”。

“修身”就是要不断提高自己的品德修养。只有自身的品德端正，无偏见，无邪念，才能为人民所拥护。修身是格物、致知、诚意、正心工夫的落脚点，又是齐家、治国、平天下的始发点。此即“心正而后身修，身修而后家齐”。

“齐家”就是要治理好自己的家庭，只有教育好自己的家庭成员，才能教化人民。

“治国”就是要为政以德，实行德治，布仁政于国中。君主要像保护初生的小孩那样保护人民，以至善之德教化人民，使人民除旧布新，日新又新。统治者要使仁、敬、孝、慈、信的仁爱之风充满全国，达到“国治”，而后就是“天下平”了。

“平天下”就是要布仁政于天下，使天下太平。平天下最重要的是要求君主具有“絜矩之道”，即以度己之心度人的崇高品质，成为百姓的榜样。由于“平天下”是多方面的，这就要求君主尊老兴孝，敬长兴悌，恤孤爱民，布行仁政。君主要实行恕道（己所不欲，勿施于人），坦诚至公，以德为本，举拔贤臣，提倡忠信，开源节流，以义为利，如此方能臻于天下太平的境界。

三纲五常

“三纲”又称纲常，是指“君为臣纲、父为子纲、夫为妻纲”，要求为臣、为子、为妻的必须服从于君、父、夫，也要求为君、为父、为夫的为臣、子、妻做出表率。它反映了封建社会中君臣、父子、夫妇之间特殊的道德关系。

“五常”即仁、义、礼、智、信，是用以调整君臣、父子、兄弟、夫妇、朋友等人伦关系的行为准则。

“三纲”“五常”这两个词，源于西汉董仲舒的《春秋繁露》一书。有人把它作为一种道德原则、规范的内容，认为“三纲”最早渊源于先秦时代，是儒家的创始人孔子强调的“君君、臣臣、父父、子子”。法家的主要代表韩非认为“臣事君、子事父、妻事夫”是“天下之常道”。董仲舒将此概括成了“王道之三纲”。东汉时的《白虎通义》更明确地提出：“君为臣纲，父为子纲，夫为妻纲。”“五常”则是董仲舒根据孟子的“仁义礼智”这一系列德目，再加上“信”而成的。从宋代朱熹开始，人们才将“三纲”“五常”联用。

自汉以后，“三纲五常”这一道德规范，既体现着封建社会中人们的社会关系，又维护着封建宗法等级专制制度。但若追溯到先秦时期，我们就会发现，孔子、孟子等根本没有说什么“三纲五常”之类的话，甚至在先秦时期

也没有什么所谓抽象的“道德概念”。至于周文王、老子、孔子、孟子、荀子等人，他们所描述的只有“大人、圣人、贤人、善人、达人、闻人、小人”等等，他们所推崇的只有“仁、义、礼、智、信、恭、宽、敏、惠”等等，他们所强调的就是建立人与人之间相互亲爱的关系（仁），那就要选择最佳行为方式（义），而最佳行为方式必须要遵守社会行为规范（礼）才能寻求得到，如果不遵守社会行为规范，那么肯定不是最佳行为方式；在这个过程中必须要有智慧（智），真诚守信（信），才能最终建立起人与人之间相互亲爱的关系。这也正是“德行”的五种品质。

“三纲五常”最积极的作用在于定义了最基本的社会关系，并对个人的行为给予了最平等和最客观的定义和描述。它只是在客观地描述社会现象，去定义人类的基本伦理常道，而不在于用这个来压抑什么。“三纲五常”基于礼的基本哲学理论，诞生于农耕时代。到了今天，随着科学技术的发展，很多社会的形态已经有所改变，需要新的三纲五常在基于礼的基础上给出新的定义。毕竟，在当今世界，体力劳动份额下降了很多，女性可以更多地参与到社会中来，政府和百姓之间的关系也早已不是君臣关系。在当今社会，“顺”应该逐渐被取消，而代之于其他的概念。现代孩子知识的获得和对社会的认识更加便捷，父子之间的关系也不能用“顺”来简单概括了；夫妇之间也拥有了各自的空间，去完成自己所要达成的事情。这些因素都说明旧有的“三纲五常”需要与时俱进，做出新的改变。

中庸之道

北宋哲学家程颐说：“不偏之谓中，不易之谓庸。”意思就是，不偏于一方叫作“中”，不改变常规叫作“庸”。很多人认为，中庸就是平庸，就是一味地忍让、退缩，其实不然。《中庸》有云：“喜怒哀乐之未发，谓之中；发而皆中节，谓之和。”喜怒哀乐的情感没有表现出来时叫作“中”，表现出来而符合法度常理叫作“和”。生活中，我们会遇到很多令人生气的事情，如果忍住了，就做到了“中”，实在令人难以忍受，那就发作出来，但要合情合理，就是“和”。中庸并不是让人懦弱、平庸，而是要有理、有节，不冲动、不暴躁。

人际交往需要中庸。人际交往是一门很大的学问，把握好了，受益良多。怎样的人际交往才算合乎中庸呢？就

《中庸》书影

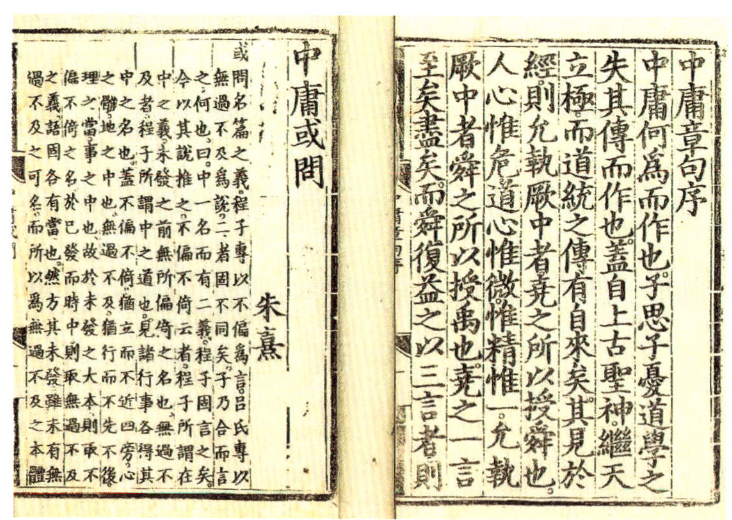

中庸章句序

中庸何爲而作也子思子憂道學之失其傳而作也蓋自上古聖神繼天立極而道統之傳有自來矣其見於經則允執厥中者堯之所以授舜也人心惟危道心惟微惟精惟一允執厥中者舜之所以授禹也堯之一言至矣盡矣而舜復益之以三言者則

中庸或問

朱熹

或問名篇之義程子專以不偏爲言呂氏專以無過不及爲說二者固不同矣子乃合而言之何也曰中一名而有二義程子固言之矣今以其說推之不偏不倚云者程子所謂在中之義未發之前無所偏倚之名也無過不及者程子所謂中之道也見諸行事各得其中之名也蓋不偏不倚猶立而不近四旁心之體地之中也無過不及猶行而不先不後理之當事之中也故於未發之大本則取不偏不倚之名於已發而時中則取無過不及之義語固各有當也然方其未發雖未有無過不及之可名而所以爲無過不及之本體

是在与人交往中不霸道，也不懦弱。具体来说，就是既不把自己的观念、想法强加于人，也不能没有主见、一味地听从别人；既要保持自我，又要考虑别人。与朋友交往，难免出现矛盾，如果能够忍让，可能就维持了友谊，因为矛盾出现时，很难一下子判断谁对谁错，所谓“忍一时风平浪静”。但中庸不是说要一味退让。我们需要把握好“度”，知道什么时候可以忍让，什么时候不需客气。

做人要中庸。人既不要太高调，显得趾高气扬和嚣张；也不要太低调，显得自己是陪衬或多余的人。嚣张使人感到讨厌，沉默使人感到沉闷。我们要在低调和高调中寻求平衡。

做事要中庸。做事情不主动，不行；非常主动，也不行。做事要中庸不是说结果的中庸，而是过程的中庸。一件事情做成以后，我们不要轻易向他人炫耀、邀功。

兴趣爱好要中庸。就是说，人要有爱好而不嗜好。没有爱好的人是悲哀的，人生可能因此少了很多乐趣；但是当爱好发展成为一种嗜好，往往会给自己带来许多问题。

性格也要中庸。我们不能太自信，自信过了头就是自负；也不能太谦虚，谦虚过了头就是自卑。

义利之辩

“义利之辩”是中国古代社会管理之初就遇到的一个难题。《易经·乾卦》中说“义者，利之和也”“利物足以和义”。前一句话是说，“义”就是万物各得其分，不相妨害，利益达到各方面的中和之美；后一句话是说，“利”

就是各方利益得到充分照顾，也就是达到义的中和之美。这两句话从哲学的高度准确地说明了义与利的关系。

《尚书·大禹谟》中载有舜告诉大禹的治国基本经验，其核心仍然是调节义与利的关系，讲的是从领导的角度如何把握义与利的度量界限：

人心惟危，道心惟微，惟精惟一，允执厥中。

意思是说，从个人私利角度出发去考虑问题是人心，从社会公义角度去考虑问题是道心。人心不同而皆同，私欲多，公心少，故危浅多变；道心幽昧而难明，不见头，难见尾，故前进缓慢。我们要精心体察，一心护正，祛除杂念，使私心渐平息，公义渐昭著，社会才能稳步发展。这一经验实质是告诉统治者应肯定人的私欲，并加以节制和规范。

孔子把人分为君子和小人两类，认为这两类人的价值取向不一样，即所谓“君子喻于义，小人喻于利”（《论语·里仁》）。君子明白治理国家的大义，使物得其宜无所不利；小人只知道贪求小利，偕利而行，因此多招致怨恨。孔子对君子的要求很高，认为君子要有理智，天下为公，要始终不渝地去追求义，在有利可图的时候不能“见利忘义”（《论语·宪问》），处于困境时也应“不忘平生之言”，并且要有“三军可夺帅也，匹夫不可夺志也”（《论语·子罕》）的决心。

若不苛求的话，孔子以上所言确实正确地教导了君子要认识天下之大义，并行天下之大利，要认识自己的社会地位，发挥自己的社会作用，而不要让小人因谋小利而成

为天下国家之祸害。

《大学》比较全面地阐述了义利关系。《大学》不谈义而谈德（德包括仁义），认为德与利的关系是“有德此（则）有人，有人此有土，有土此有财，有财此有用”。就是说，德是本，财是末，财是德义的派生物。作为统治阶级要重德不要重财，“财聚则民散，财散则民聚”，“财悖而入者亦悖而出”，就如同“言悖而出者亦悖而入”一样。《大学》甚至不惜极端地批评统治阶级聚敛财富对国家人民造成的危害，说“与其有聚敛之臣，宁有盗臣”。因为盗臣只是个别的、局部的危害，而聚敛之臣打着为国家聚财的旗号，实质上是在危害国家社稷，并且这种危害是全局性的、根本性的。《大学》明确提出“国不以利为利，以义为利”，即满足全国百姓的最大利益，就是国之大利，这就是“义”。无疑，这样的义利观至今仍有其积极的意义。

天道性命

在宋明理学中，“性命之学”是个重要的哲学范畴，其思想来源是《孟子》《中庸》与《易传》。

《易传》中的“继之者，善也；成之者，性也”是宋明理学中“继善成性”学说的最早源头。

其实，《论语》中也已经提出过这个问题。子贡曰：“夫子之文章，可得而闻也；夫子之言性与天道，不可得而闻也。”（《公冶长》）大意是说，孔子对《诗》《书》《礼》《乐》等经书的讲授，人们是能够听到的；关于人性和天道的言论，人们是没法听到的。文章和道德是并举

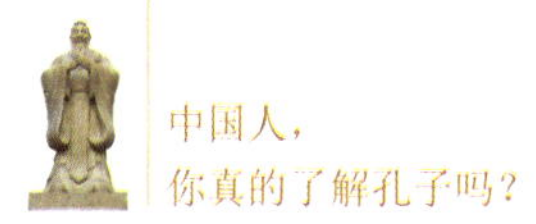

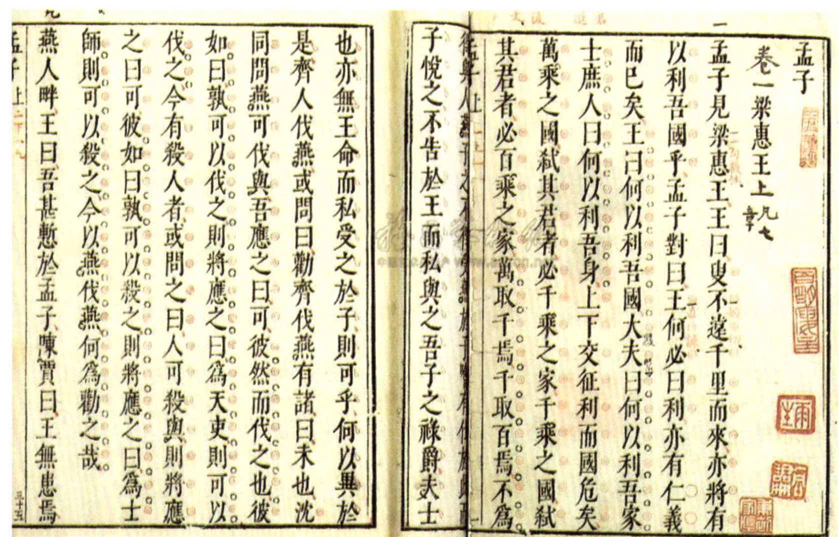

孟子

卷一 梁惠王上

孟子見梁惠王王曰叟不遠千里而來亦將有以利吾國乎孟子對曰王何必曰利亦有仁義而已矣王曰何以利吾國大夫曰何以利吾家士庶人曰何以利吾身上下交征利而國危矣萬乘之國弒其君者必千乘之家千乘之國弒其君者必百乘之家萬取千焉千取百焉不為

子悅之不告於王而私與之吾子之祿爵夫士也亦無王命而私受之於子則可乎何以異於是齊人伐燕或問曰勸齊伐燕有諸曰未也沈同問燕可伐與吾應之曰可彼然而伐之也彼如曰孰可以伐之則將應之曰為天吏則可以伐之今有殺人者或問之曰人可殺與則將應之曰可彼如曰孰可以殺之則將應之曰為士師則可以殺之今以燕伐燕何為勸之哉

燕人畔王曰吾甚慚於孟子陳賈曰王無患焉

《孟子》书影

的，道德是内容，文章是形式，文章是人的道德的外在表现，外在表现具体包括人的外貌、神色、语言、举动等等。子贡认为，孔子的道德的外在表现，人们看得到、听得到；可是，孔子关于人性和天道的认识，人们看不到也听不到。这样来看，“性与天道”就是“隐”而“微”的了。

孔子之后，子思的《中庸》一书开始关注这个问题。《中庸》开篇就说：“天命之谓性，率性之谓道，修道之谓教。”

“命”这个字由“人一卩”三个字组成，意即它是如此崇高，如此万能，你只能接受，而无法抗拒，因此叫作“命”。就像人的生命是老天给的一样，人们无法拒绝，无法抗拒，无法离开，这就是命。不只外表是这样，这无法拒绝的命在人们的体内也一样，它是一股能量，自有一个独立的规则在运行着。它是天给的，是无法抗拒的。在这无法抗拒

的命里面，好像有一条规则在控制着一个人的一切，这条规则奥妙到难以说清，但它确实存在着，圣人将这种奇妙的不变的规则称为“性”。世间万物的本质是天赋的，这一本质在天就称为“道”，赋予人之后在人身上就称为“性”。也就是说，“性”即是身中的“道”，所以率性的人就是得证了一身之道的人了。

天人合一

“天人合一”是中国古典哲学的又一根本观念，与“天人之分”说相对立。所谓“天”并非指神灵，而是指自然。“天人合一”有两层意思：一是天人一致，意指宇宙自然是大天地，人则是一个小天地；二是天人相应，或天人相通，即是说人和自然在本质上是相通的，故一切人事均应顺乎自然规律，达到人与自然的和谐。老子提出的“人法地，地法天，天法道，道法自然”即表明人与自然的一致与相通。先秦儒家亦主张“天人合一”，《礼记·中庸》认为“诚者，天之道也；诚之者，人之道也”，意思是人只要发扬“诚”的德行，就可与天一致。董仲舒明确提出的“天人之际，合而为一”（《春秋繁露·深察名号》）则成为两千年来儒家思想的一个重要观点。

在“天人合一”这一观念中，人与天不是主体与对象的关系，而是部分与整体、扭曲与原貌、学之初与最高境界的关系。

在儒家看来，“天”是道德观念和原则的本原，人心中天生具有道德原则，这种天人合一乃是自然的、本能的

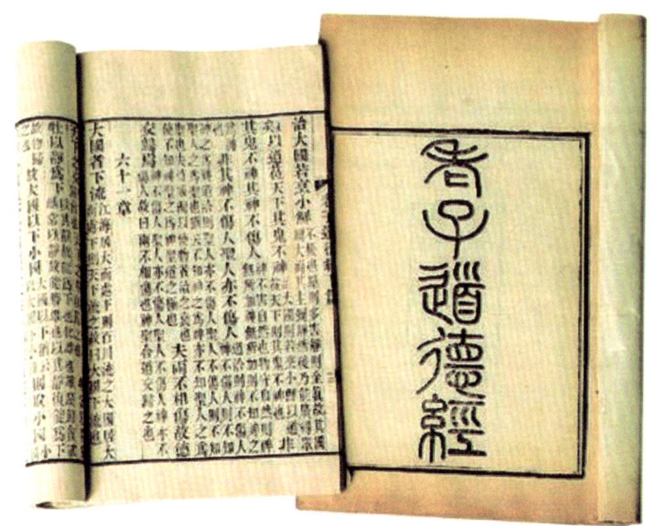

《老子》书影

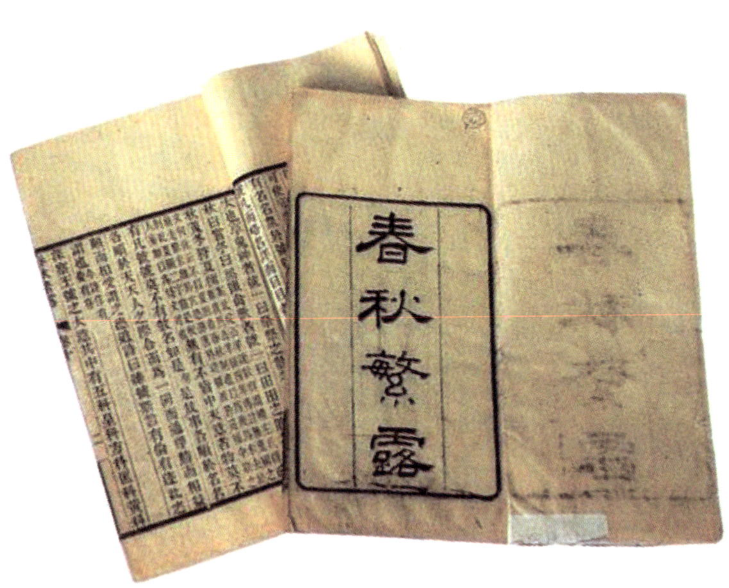

《春秋繁露》书影

合一。只是由于后天受到各种名利、欲望的蒙蔽，所以人才不能发现自己心中的道德原则。因此，人类修行的目的便是去除外界欲望的蒙蔽，“求其放心”，达到自觉地履行道德原则的境界。这就是孔子所说的“七十而从心所欲，不逾矩”（《论语·为政》）。

阴阳五行

“阴阳”是指事物具有相对性，是从空间意义上对事物的描述。任何事物只要纳入一个系统，就可对其进行相对性描述。长是相对于短而言的，明是相对于暗而言的，男是相对于女而言的；是与非、美与丑、清与浊、好与坏……都是相对性的描述。

“阳”代表事物的刚性、外在、向上、运动、简明、积极、无形等等的一面，“阴”象征事物的阴柔、内在、低下、静止、繁复、消极、实际等等的一面。

任何事物都包含相对性概念，用相对性即可高度概括世间万象。以人为例：男人为阳，女人为阴；一个人身上，背为阳，腹为阴，上为阳，下为阴，表皮为阳，脏腑为阴。表现在一件事情上，则所谓凡事有利必有弊，而且利弊之间也是在不断转化的，“塞翁失马，焉知非福；塞翁得马，焉知非祸”即指此意。动物分雌雄，季节有冬夏，天时分昼夜，等等，阴阳理论认为世界上没有单一性的结构，阴阳无处不在。

“阴阳五行”是中国古代的一种哲学体系，它从日常行为上升为经验，又从经验上升为哲学。中国传统的阴阳五行理论属于时空结构，阴阳表述空间状态，五行表述时间结构。正如在纷繁复杂的物理现象中归纳出物理定律，并可根据一定条件从定律中推导出相应的结论一样，阴阳五行也是从宇宙万物中归纳出来的时空定律，亦即我国古人对世界或宇宙的理解及抽象性概括。

五德终始说

“五德终始说”是战国时期的阴阳家邹衍所主张的一种思想观念。“五德”是指木、火、土、金、水五行所代表的五种德行。“终始”指“五德”周而复始的循环运转。邹衍以这个学说来解释历史变迁、皇朝兴衰。后来，王朝的最高统治者常常自称“奉天承运皇帝”，其中的“承运”即意味着继承五德终始说的某一“德”运。

邹衍认为“五德从所不胜，虞土、夏木、殷金、周火”，木克土、金克木、火克金、水克火、土克水。按照邹衍的说法，五行代表的五种德行是以相克的关系传递的，但后世也有人提出五行相生的说法来解释五德终始。

五行相生：土/黄→金/白→水/黑→木/青→火/红；

五行相克：土/黄→木/青→金/白→火/红→水/黑。

秦朝的建立者秦始皇认为周朝属于火德，既然秦朝取代了周朝，就应该取能够克火德的水德。汉高祖刘邦时，谋士张苍认为秦王暴虐无道，秦不属于正统朝代，应该由汉朝接替周朝的火德，所以汉朝之正朔应为水德。汉武帝时，又认为秦属于正统朝代，改汉正朔为土德（因土克水）。直到王莽建立新朝，方才采用刘向、刘歆父子的说法，认定汉朝属于火德。汉光武帝光复汉室之后，正式承认了这种说法，从此确立汉朝正朔为火德，东汉及以后的史书如《汉书》《三国志》等皆采用了这种说法。因此，汉朝有时也被称为“炎汉”，又因汉朝皇帝姓刘，因而汉朝亦称“炎刘”。

皇极经世说

《皇极经世书》由宋代学者邵雍所著。他创立了计量时间的新单位，称之为“元、会、运、世”。十二万九千六百年为一元，为人类的一个发展周期；每元十二会，各十万零八百年；每会三十运，各三百六十年；每运十二世，各三十年。元、会、运、世各有卦象表示，每年亦有卦象表示天文、地

《皇极经世书》书影

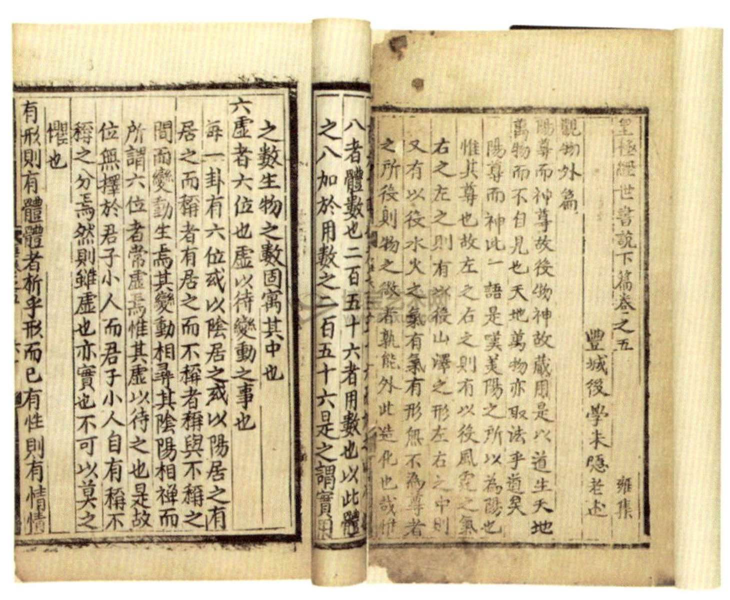
皇極經世書說下篇卷之五
豐城後學朱隱老 述
雍 集
觀物外篇
陽尊而神尊故役物神故藏用是以道生天地
萬物而不自見也天地萬物亦取法乎道矣
陽尊而神此一語是嘆美陽之所以為陽也
惟其尊也故左之右之則有以役風雲之氣
右之左之則有以役山澤之形左右之中則
又有以役水火之氣有氣有形無不為尊者
之所役則物之役者孰能外此造化也哉[illegible]

八者體數也二百五十六者用數也以此體
之八加於用數之二百五十六是之謂實用

之數生物之數固寓其中也
六虛者六位也虛以待變動之事也
每一卦有六位或以陰居之或以陽居之有
居之而稱者有居之而不稱者稱與不稱之
間而變動生焉其變動相尋其陰陽相禪而
所謂六位者常虛焉惟其虛以待之也是故
位無擇於君子小人而君子小人自有稱不
稱之分焉然則雖虛也亦實也不可以莫之
懼也
有形則有體體者析乎形而已有性則有情

理、人事发展变化。邵雍按照时间单位编织了一个宏大的宇宙历史年表，以先天六十四卦圆图为卦变的基点，把自然史、人类史都统摄进去，表达了其豪迈的宇宙情怀和浓郁的人文关切。

邵雍继承和发扬了《周易》中“时”的哲学，并表达了历史具有规律性的思想。《周易》“时”的哲学发轫于古而成熟于《易传》。这一哲学晓示人们，大宇宙和社会人生中的一切都发生、存在、流变于特定的“时下”，并带有相应的“时性”；人也是一种“时”的存在，人所值的“时”与此“时下”所存在的一切，相对于人就具有了“遇”的意义；“时”与“遇”是人所不可自主选择的，但人却完全可以成为“时”与“遇”的成功回应者与驾驭者。

但无论《周易》或《易传》，其阐发的“时”的哲学意蕴都是指当下之时，当下时空上的一个点。在这个时空点下，宇宙万物千姿百态之情状，通过六十四卦象和三百八十四种爻象淋漓尽致地表现出来。在共同的宇宙大化背景中，有荣登庙堂的崇德广业之圣人君子，也不乏隐迹山林、遁世无忧的贤士哲人。在这个不可选择的时空点上，不得时遇的人不是消极、颓废的。《易传》作者高度讴歌了那些虽生不逢时却仍然怀有高尚情操的隐者。正如《文言》所言：“不易乎世，不成乎名，遁世无闷；不见是而无闷，乐则行之，忧则违之，确乎其不可拔，潜龙也。”

这种“时”的哲学到了三国时代，经学家王弼又做了发挥，明确提出：“夫卦者，时也；爻者，适时之变者也。”

在邵雍的视野下，六十四卦和三百八十四种爻象不仅可表示当下特定的时空点，更可标识由近及远的时空段。

卦和爻不仅指当下的特定时空段，还涵摄了遥不可测的未来时空段。自开天辟地之初，时间诞生之日，自然史、人类史就沿着有序的步骤艰难地行进。每个卦和爻的时空段都浓缩着该时空下自然史和人类史的整体气象。自然和人类文明的历史进程，在邵雍看来，都是由六十四种卦象和三百八十四种爻象有序主控着。在他眼中历史是有规律的，就是按照六十四卦圆图进行的，这表达了一种历史决定论的思想。山东大学林忠军教授说：

> 从哲学上讲，“皇极经世说”是唯心主义的宿命论和形而上学的循环论，虽然如此，它仍具有重要的价值。邵雍对宇宙发展进行深入探索的精神和在探索宇宙问题时所使用的那种整体性、连续性的方法及其在表现复杂宇宙发展的高度抽象的数及数的运算，具有深刻的哲学意味。

敬天畏命

孔子在《论语》的最后一章说“不知命，无以为君子也”（《尧曰》），这里谈到的是“天命”这个概念。孔子一向是不谈论“怪力乱神”的，那么对于天命，他又是怎样看待呢？他的答案是：敬天畏命。

孔子曾经说过，人生走到一定的阶段，应该“下学而上达”，就是说要能够了解什么是自己的天命。他还说：“不怨天，不尤人；下学而上达。知我者其天乎！”（《论语·宪问》）大意是说，我从来不怨恨上天，不责怪别人；不懈

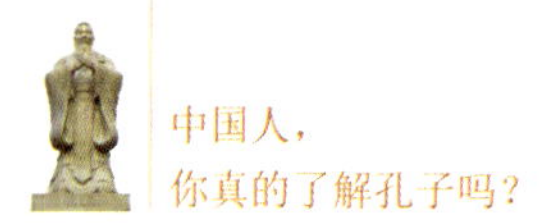

地学习，上通于天命。了解我的大概只有天吧！这里“天”是指天地大道的规则，“通天”就是让自己的做法能够合乎大道。

具体到个人的思想认识层面，敬天畏命就是“知天命”。其实“不怨天，不尤人”六个字说起来容易，能够真的做到又何其难。这意味着要把很多可以宣泄出去的抱怨、苛责，深深地埋藏在自己的心里；意味着少了很多开脱的理由，不能再向任何人推卸责任。那么，孔子为什么可以做到这一点呢？是因为一个人内心的完善，自我的解读，合乎大道的追求，比在社会上对别人刻意要求、对别人肆意指责重要得多。孔子说：“君子上达，小人下达。”（《论语·宪问》）只有小人才会在人际交往中飞短流长，只有小人总在琢磨别人如何对自己不利；君子宁可在自己内心建立一个大道之约，这种大道就是孔子所说的“天命”。我们不见得要花费很多的心思，记住孔子所说的“不知命，无以为君子也。不知礼，无以为立也。不知言，无以知人也”（《论语·尧曰》）就可以了。这里说了“知命”“知礼”“知言”三个境界，我们最先知道的是“知言”，在与人言和读书中了解这个社会，做到知人，但是知人不能保证“不尤人”，还是可能抱怨别人的；下一个层次是“知礼”，“知礼”之后，就可以做到“立”了，也就是建立了“自我”，这时候抱怨就会少得多；更高的层次是“知命”，就是孔子所说的作为君子建立起一个自循环的系统，内心获得了一种淡定的力量，足以去面对身外的世界。

知行合一

所谓“知行合一”，并不是一般的认识和实践的关系。“知”，主要指人的道德意识和思想意念；“行”，主要指人的道德践履和实际行动。因此，知行关系，也就是道德意识和道德践履的关系，也包括思想意念和实际行动的关系。“知行合一”为明代著名思想家王守仁的创见，包括以下两层意思：

第一，知中有行，行中有知。王守仁认为知行是一回事，不能分开。“知行原是两个字，说一个工夫。”（《传习录》）从道德教育上看，王守仁极力反对道德教育上的知行脱节及“知而不行”，他把一切道德归于个体的自觉行动，这是有积极意义的。因为道德意识离不开道德行为，道德行为也离不开道德意识，二者互为表里，不可分离。知必然要表现为行，道德意识必然表现为道德行为，如果不去行动，不能算是真知。王守仁认为：良知，无不行，而自觉地行，也就是知。这无疑是有其深刻之处的。

第二，以知为行，知决定行。王守仁说：“知是行的主意，行是知的工夫；知是行之始，行是知之成。”就是说，道德是人的行为的指导思想，按照道德的要求去行动是达到“良知”的工夫。在道德指导下产生的意念活动是行为的开始，符合道德规范要求的行为是“良知”的完成。

朱熹、陆九渊都主张知先行后，而王守仁的知行合一学说既区别于朱熹，也不同于陆九渊。他反对将知行分作两截，主张求理于吾心：“只说一个知，已自有行在；只

说一个行，已自有知在。”（《传习录》）

知行是一个工夫的两面，知中有行，行中有知，二者不能分离，也没有先后。与行相分离的知，不是真知，而是妄想；与知相分离的行，不是笃行，而是冥行。王守仁提出知行合一，一方面强调道德意识的自觉性，要求人在内在精神上下功夫；另一方面也重视道德的实践性，指出人要在事上磨炼，要言行一致，表里如一。但他强调意识作用的结果，认为一念发动处即是行，这就混淆了意识活动同实践活动的界限。当然，他提倡知行合一的根本目的，原是为了克服“一念不善”，这是他的“立言宗旨”。

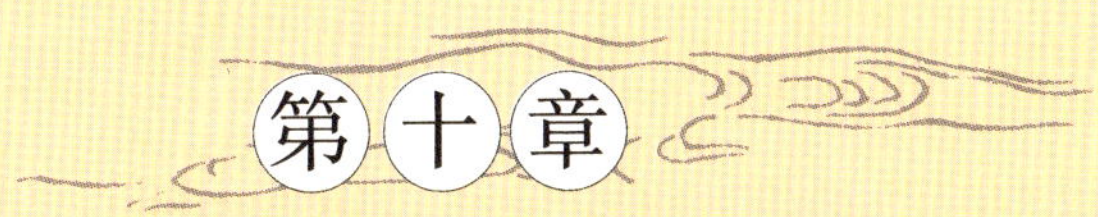

第十章

四海皆准

——儒学的海外影响

儒学在日本

儒家思想在日本的传播源远流长，它对日本的影响很大，特别是对日本人的道德观、教育观的影响尤为深刻。儒家思想传入日本，逐渐与日本固有的神道融合在一起，形成了日本的儒教。

日本儒教的发生、发展大体上可以分为四个时期：第一个时期，儒家思想从中国传入日本，经过奈良时代到平安时代；第二个时期，由镰仓时代，经过室町时代到德川幕府时代（宋学输入日本的时代）；第三个时期，德川幕府时儒学的全盛时代（各种学派蓬勃隆盛起来）；第四个时期，明治维新后直到现代。

日本足利学校祭孔

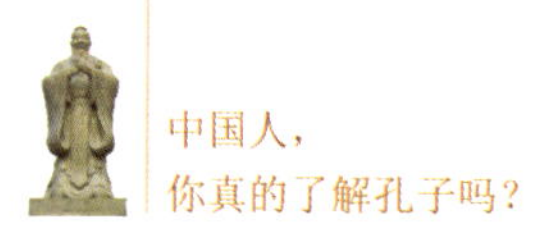

据成书于公元720年的日本《日本书纪》记载，应神天皇十五年（405年），百济博士王仁应邀到日本，带来十卷《论语》和一卷《千字文》。其前成书的《古事记》一书中也有类似的记载。这是儒家思想传入日本的最早记录。此后，儒家思想在日本逐渐传播开来，对日本的政治、法律、文学、哲学、宗教及艺术等均产生了广泛而深刻的影响，加速了日本的文明化进程。

一、早期的日本儒学（飞鸟、奈良、平安时代）

在飞鸟时代，自593年开始，日本儒学催生了二次改革运动，这对日本历史的发展具有重大的意义。

圣德太子像

七世纪初，杰出的政治家圣德太子将儒学用以改革政治。他认为儒学不仅规定了道德准则，而且也为治国理政提供了指导思想。他按照儒家政治理念建立起新的政治体制，在摄政期间颁布了“冠位十二阶”，制定了十二等官爵等级，按个人的才能和功勋的大小，赐以大、小德，仁、礼、信、义、智的冠位，以德为最高；官位世袭制度被取消。这些规定使政府官僚体制有了雏形，增强了天皇的权力。圣德太子为了破除落后的氏族制度，建立统一的王朝，还制定了宪法十七条，强调“礼”为治国之本。宪法十七条中述及的君主名分、政治要旨和安民等事，和儒家思想的精神完全一致，且语句大多采自经书中，如“使民以时”（《论语·学而》），“克念作圣”（《尚书·多方》），“惩恶而劝善”（《左传·成公十四年》），“上下和睦”（《孝经》），“以和为贵”（《礼记·儒行》），等等。

645 年 6 月，改革派中的大兄皇子、中臣镰足等人发动政变，拥立孝德天皇，建年号“大化”，迁都难波（今大阪）。新政府在后来的改革中建立起封建土地国有制；在政治方面，建立了以皇权为中心的中央集权国家，废除了贵族的世袭特权；在军事上，实行征兵制，所有军队都归中央统一指挥。

这场改革运动的思想指导者是儒学的推崇者南渊清安。他曾在中国留学三十二年，回日后著书一百多卷。那些在政治上欲有所作为的人，如大兄皇子和中臣镰足都曾拜他为师。据《日本书纪》记载，他们都曾向南渊清安“学周（公）孔（子）之教”。天皇在改革过程中力行儒家教导。大化革新成功后，孝德天皇发布诏书云：“凡治人者，若君若臣，当先正己，然后正人。如不正己，何能正人？”（《日本书纪》卷二十五）大化改制使得日本全面、大规模地输入中国的儒家文化成为可能，日本国内尊崇孔子、学习儒家学说的热情进一步高涨。

710 年，日本步入奈良时代，儒学对各代天皇的施政理念和思想行为均产生了实际的指导作用。淳仁天皇曾下令，要提拔那些“修习仁义礼智信之善”者。称德天皇于神护景云元年（767 年）亲自到大学寮祀孔。与此同时，各级政府大力表彰实践仁、义、礼、智、信、孝等儒家道德的模范人士，儒学所提倡的道德准则成为社会通行的行为规范。儒家观念已经融入日本民族的灵魂，成为日本精神传统的基本内容之一。

794 年，日本的京城从奈良迁到平安（即京都），开始了平安时代。在这个时期，儒学依然是人们寻求思想启示和指导的主要哲学体系。当时研习儒学的方法有新创新，如大学寮祭孔完毕，亲王以下百官须留下讲议儒家经典，或由天皇召博士入宫讲经，“访治于有识，求道于六经”（《大日本史》卷三十一），讲述经典后往往会宴饮赋诗。可见在当时，儒家思想已经渗透到日本的社会和文化生活的各个方面。

二、作为禅宗附庸的儒学（镰仓、室町时代）

镰仓时代（1192—1333）中期，中国儒学的新发展——宋学传入日本。

从镰仓时代起，大量中国宋儒的经典被中国禅僧和日本僧人带到日本。这些禅僧到日本后，在传播禅学的同时，还介绍朱熹、二程（即程颢、程颐）和扬雄的著作和思想，促进了儒学在日本的传播和发展。

在南北朝时期（1334—1392）和室町时代（1392—1573），日本统治者并不要求把儒学作为统治的意识形态，而仅仅是把它同神道及老庄思想一起保存下来，作为从属于佛教的一种教养而已。

室町时代初期，日本的禅僧和贵族当中出现了一些研究和讲授儒学者的身影，如研究朱子学的“五山僧侣”；与此同时，还出现了一些研究儒学的上层公卿贵族学者，新的儒学慢慢深入进了宫廷。

一直到十六世纪时，禅僧和贵族独占儒学的局面才被逐步打破，“五山僧侣”之外，形成了“博士公卿派”“萨南学派”“海南学派”等三个研究宋儒的学派。这表明儒学不再仅仅局限于上层社会，而是向着普及化的方向发展了。

到了室町时代末期，在关西、土佐等地，儒家思想逐渐占据了主要地位，并且成为统治者统治该地区的思想基础。

三、儒学的全盛和日本化（江户时代）

江户时代（1603—1867）是日本社会的最后一个封建时代。经过战国时代的混乱，德川家康建立了他的政治体

日本多久圣庙秋季祭孔

体制——幕藩体制。进入江户时代以后，儒家思想上升到统治地位，儒学在此阶段进入了它在日本的兴盛时期。

德川幕府时代，日本学者推崇儒学，尤为推崇《论语》；然而由于日本不受科举制度的束缚，对《论语》的解释比中国要自由得多。

在儒学发展的同时，日本出现了研究儒学的不同派别。各派的学术观点各异，于是相互之间展开了学术争鸣，犹如百花齐放，争奇斗艳，学术研究得到了更加深入的发展。

江户时代的儒学发展分为三个时期：其一，是朱子学的兴盛时期；其二，是阳明学兴起并与朱子学相对立的时期；其三，是古学派崛起并与朱子学相抗衡的时期。

四、资本主义时代的日本儒学

明治时期，日本的儒学与中国本土儒学之间已经有了很大不同，最重要的区别是，日本的儒学被改造为辅翼“皇运”的得力助手。一些日本政治家、思想家，如伊藤博文、山县有朋等人宣扬的是儒学和武运的结合，尊崇孔子和敬仰天皇的结合使孔子和武士道走在了一起，神道与儒学开始糅合为一体。所谓“和魂汉才”，骨子里必须是“和魂”，儒学只是用来支持“皇道”的“汉才”。

儒学在朝鲜

据 1485 年朝鲜编写的《东国通鉴》记载，早在公元前十一世纪，中国的西周时期，箕子就率领“五千人入朝鲜”，中国的诗书礼乐“皆从而往焉”。在秦始皇统一六国时，燕、

崔致远像

齐、赵等地的人们多有前往朝鲜半岛者，他们把中国的物质文化和儒家的礼乐文化也带到了那里。到了西汉时期，儒学的经典著作《论语》传到了朝鲜半岛。从那时起，在其后的两千多年里，中国同朝鲜半岛在儒学文化上的相互交流日益广泛深入。

在西晋时期，朝鲜半岛的高句丽于公元372年建立太学，施行以儒学为主的教育。到了隋唐时期，朝鲜半岛经历了由高句丽、百济、新罗三国分立到新罗的统一。在统一前的高句丽，由中国传入的典籍就有“五经”以及《史记》《汉书》《后汉书》《三国志》等等；当时的百济也由中国传入了“五经”“子”“史”。在新罗统一朝鲜半岛以后，儒学得以继续传播。682年，新罗设立国学，对学生教授“五经”和《论语》。新罗国王亲自到国学听讲。737年，唐玄宗派遣了一位叫邢璹的学者出使新罗，主要任务就是去讲授儒学经典，并使那里的人们了解中国的“儒学之盛”。在新罗统一时期，朝鲜半岛派到中国的留学生日益增多，仅837年一年，前往中国的留学生就达二百多人，其中参加过唐朝科举考试并贡科及第者五十八人，他们回国后对推动儒学的发展发挥了积极的作用。其中最有名的留学生是崔致远，他在唐朝为官多年，回国后成为朝鲜半岛的儒学大家。

在唐朝末年和五代十国时期，朝鲜半岛经历了由“新罗统一时期”到“高丽统一时期”的转变。高丽太祖王建

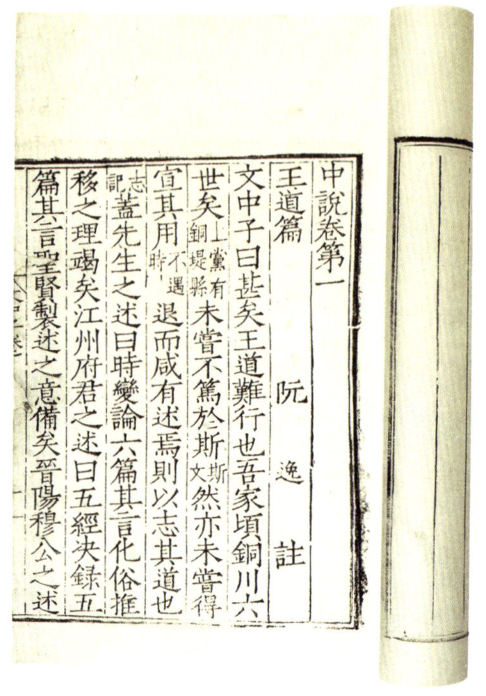
中說卷第一

王道篇　阮逸註

文中子曰甚矣王道難行也吾家頃銅川六世矣上黨有銅堤縣未嘗不篤於斯斯文然亦未嘗得宣其用不遇時退而咸有述焉則以志其道也志記蓋先生之述曰時變論六篇其言化俗推移之理竭矣江州府君之述曰五經決録五篇其言聖賢製述之意備矣晉陽穆公之述

《朱子全书》书影

于 936 年统一朝鲜半岛后，十分重视兴办学校，以教授儒学经典为主要内容。其后的光宗推崇以儒治国，在中央设“国学”，地方建“乡校”，并推行科举考试。成宗曾多次派人到宋朝的国子监学习儒学典籍，并于 992 年建立国子监（就是后来的成均监、成均馆），作为儒学教育和研究的专门机构。睿宗亲临国子监主持讲经，开尊经讲学之风。整个高丽王朝时期，统治阶级始终奉行“以民为本”“政在养民”的以德治国思想。安珦、白颐正、李齐贤、李穑、郑梦周、郑道传、权近等是这一时期涌现出来的儒学名家。1290 年，安珦将《朱子全书》的抄本从中国带到朝鲜，从此理学思想逐渐成为朝鲜半岛上儒学教育、研究和践行的核心内容。

1392年，李成桂建立了朝鲜王朝，施行以儒立国的指导思想。此后朝鲜王朝的历代君王都遵循这一指导思想，将以程朱理学为核心的儒家思想奉为治国理政的圭臬。在朝鲜王朝统治的五百多年间，名儒辈出，金宗直、郑汝昌、赵光祖、李退溪、奇高峰、成牛溪、李栗谷等人就是其中的杰出代表。

坚持发展同本土文化相融合的具有朝鲜半岛特色的儒学教育、儒学研究，并将具有自身特色的儒家思想应用到国家、社会治理和个人修养中去，在朝鲜半岛早已成为传统并传承至今。

退溪学派

李滉（1501—1570），朝鲜李朝唯心主义哲学家，朝鲜朱子学的主要代表人物。他初名瑞鸿，字景浩、季浩，号退溪、陶翁、退陶，是朝鲜安东府礼安县温溪人。

李 滉

李滉两岁的时候就失去了父亲，由母亲一人养大。在艰苦的环境中，李滉的母亲严格地教育他，要求他“品行端正，专于学问”。李滉十二岁便正式学习《论语》，二十二岁进入成均馆学习。十一年后，他文考及第，担任过户曹佐郎、正言、承文院校理等官职。

李滉在担任丰基郡郡守时，主动辞去了官职，告老还乡。他七十岁去世，一生共担任过一百四十多个官职，其中有七十九次是他主动申请辞去的。他这样做是为了追求“可以使自己品行端正的学问”。

李滉于“知天命”之年离开官场后，隐居于陶山书院，根据“退而居于溪边”之意取号为“退溪”，在退溪建立书院，从事教育和著书事业。他被公认为朝鲜王朝最权威的老师，退溪学派因而得名。他一生著有《退溪集》（六十八卷）《朱子书节要》《启蒙传疑》《心经释录》《天贫图说》《四端七情论》等等。

李滉既反对以徐敬德为代表的唯物主义，又排斥佛教和王阳明的主观唯心主义，而崇信朱熹的客观唯心主义。他认为“理”是世界的本原和主宰，如果没有“理”，便

《朱子书节要》书影

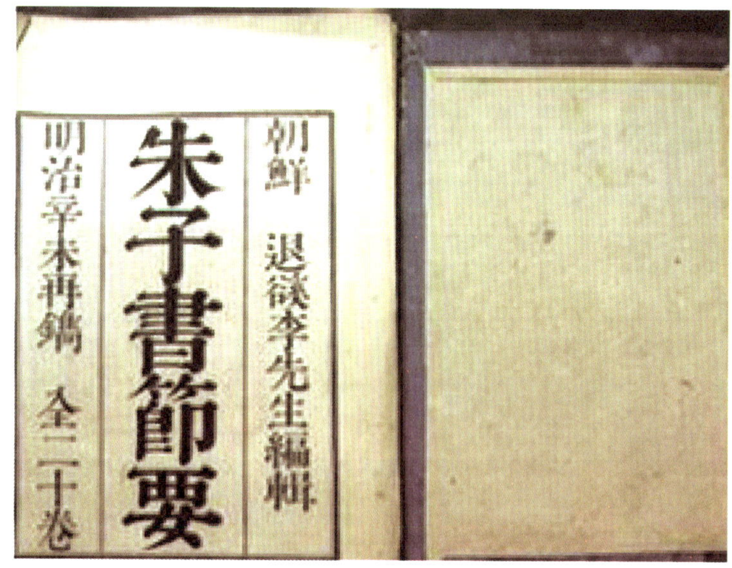

没有天地和人类万物，世界上的一切都将不存在。他承袭朱熹的未有天地之前毕竟先有一个“理”，未有君臣已先有君臣之“理”，未有父子已先有父子之“理”的观点，将“理”看作超自然、超时空的精神本体，认为自然界以及整个人类社会则是由“理”派生的，只是“理”的表现而已。

李滉反对王阳明的“知行合一”说，信奉朱熹的“先知后行”说。但他又认为人有两种人性，即“本然之性”和“气质之性”，由“气质”的“清浊”与“粹驳”而有“上智”“中人”“下愚”之分，即“天理”“知行”相兼的人属于“上智”，“知足而行不足”的人则为“中人”，“知昧行恶”的人是“下愚”。李滉以此为李朝封建社会等级制度的合理性辩护。同时，他认为人们虽然具有“气质”之差距，但经过个人的不断读书和修养，差距可以缩小，普通人亦能达到圣人的境地。

李滉强调“天理”与“人欲”的对立，要求人们放弃“人欲”，服从“天理”。在他看来，“四端”“七情”与“天理”“人欲”有所不同。“四端”就是“天理”，“七情”却不尽同于“人欲”，因为“七情”包括为善和为恶两种可能，而“人欲”则一定是“恶”的。“天理”和“人欲”是完全对立而不可并存的。读书、修养的目的就是革尽“人欲”，复尽“天理”。

李滉希望通过认真地观察事物和生活，去寻找人生的真谛。他以此为根据，进一步发展了理学。由孔子创造并由孟子发扬光大的儒学，到了宋朝被朱熹发展为研究宇宙和人根本问题的理学，而朝鲜王朝的李滉则进一步发展

韩国纸币上的李滉像

此理论，提倡“儒学的根本为‘理’”的“主理论”。在十六世纪的朝鲜王朝，尊重经验知识的“主气论”是理学的另一个分支。李滉则希望通过学习去探求人生的真谛，以更好地理解人和事，并通过这些去寻找自己根本的面目。

实际上，退溪哲学的核心可以总结为对所有人和事的一种“尊敬”，转换成现代说法就是“和谐”。如果人与人、人与自然都可以相互尊重，那么，这个世界将会变得更加和谐，生态危机、社会矛盾和国家纷争都可以一一消除。

李滉的哲学思想在朝鲜哲学史上具有深刻的影响，并且对日本朱子学的发展也产生了一定的影响。“壬辰倭乱”时，退溪思想传入日本，后来发展成为日本近代儒学的主体思想。李滉在韩国家喻户晓，被誉为“东方朱子”。韩国政府为了纪念这位思想家，将其头像印在了第三版的1000元韩币上。此外，首尔市现亦有一条退溪路，用以纪念他。

孔子与韩国

一、孔子对近代韩国的影响

在韩国历史上，儒家思想曾与日本的“殖民文化”和近现代的“欧美文化”进行过两次“对决”。1910年，朝鲜半岛沦为日本的殖民地。在三十五年的殖民统治中，日本大力推行“皇民化运动”，要求当地人全体学日语、改姓更名、崇拜日本天皇，这反复冲击着当地人的精神家园。为反抗“殖民文化”，有识之士举起了“国家兴亡，匹夫有责”的大旗，一种强烈的社会责任感和不屈不挠的奋斗精神席卷了这个苦难深重的国家。正是在这一儒家思想的鼓舞下，1919年3月1日，朝鲜半岛人民掀起了全国性的抗击日本

韩国历史最悠久的绍修书院

殖民统治的“三·一独立运动”，它极大地激发了人们的爱国热情，为抗日斗争的胜利奠定了群众基础。

1945 年以后，随着美军进驻朝鲜半岛南部，儒家思想在韩国迎来了与“欧美文化”的尖锐对立。在这次“对决”中，韩国借鉴了孔子提出的“和而不同”的多元化文化观，在大力引进西方市场经济和先进技术的同时，尽量摒弃西方文化中个人至上、金钱万能、人情淡薄等弊病，倡导儒家的敬业乐群精神，创造了家庭和谐稳定、道德风气良好的社会。今天的韩国仍把孔子尊为“万师之表”，并每年举行纪念孔子的“释典大祭”，这正是缘于感念儒学对韩国做出的巨大贡献。

首尔成均馆祭孔仪式

二、孔子对当代韩国的影响

在韩国，孔子的名字家喻户晓。韩国儒学最权威的教育机构“成均馆”馆长崔昌圭说：“孔子不仅是中国的，也是世界的。韩国有将近 80% 的人受过儒家思想的熏陶。”时至今日，儒家思想在韩国仍占据主导地位。孔子“为国尽忠，敬信节用，爱民如子，人伦之中，忠孝为本”的思想已融入韩国人的血液，成为国家发展和人生道路的精神能源。在当今韩国人的家庭生活中，儒家思想中的伦理观也还有着深刻的影响。韩国家庭注重孝道，把孔子的“礼”和“孝”紧密地联系在一起，并落实到家庭这一社会细胞上，使家庭优秀文化久扬不衰。

韩国至今仍保留着类似于中国古代的大家庭制度，即使有年轻一代离家分住，但周末团圆、遇事全家商讨、逢节全家祭祀等民俗习惯，还都保持得很好。

为了提倡尊老养老的良好社会风气，韩国有关部门还对那些与老人共同居住并赡养老人的家庭，在税收制度上给予了优惠政策。报载消息说，子女为了赡养父母，与第一世老人合住时，那么，一世一住宅是可以免税的，这种措施完全体现了儒家思想中尊老敬长的理念。

此外，韩国到处可见的宗族会、宗亲会把散居各地的族人联结在一起，充分体现了儒家思想注重血缘关系的伦理观念；而各种各样的同窗会、同门会又是儒家思想不忘故旧观念的具体体现。

儒家思想认为，个人总是生活在群体之中的，个人是家庭、社会、国家乃至天下的一员，若群体利益受到损害，

韩国学生暑期到书院学习传统文化

韩国“乡校”举行祭孔活动

个人利益也就无法保障。儒家思想强调，公即群体利益，私即个人利益，个人利益要服从集体利益，要强调公而忘私。在韩国，这种思想根深蒂固，与西方文化强调的“个人本位”“自我中心”不同。韩国人在处理人际关系时，大多具有人我兼顾的群体理念。

三、孔子后裔在韩国

南北朝时，孔氏开始大规模南迁，进入今浙江、安徽等地。盛唐时期，孔氏渐渐分布于今江苏、浙江、江西等地。元明时期，北方的山西、辽宁和南方的江苏、云南、贵州、四川等地都有孔氏。清代以后，孔氏不仅遍布全国各地，而且还有不少人移居海外。

早在元代时，孔氏就开始向海外迁徙了。元至正九年（1349年），承懿公主远嫁高丽忠肃王之子，孔子第五十四世孙孔昭侍从随行，后来留在了高丽。孔昭才华横溢，得到高丽王朝重用，官至宰相，死后葬在昌原（今韩国庆尚南道昌原市附近），被封为昌原君。

孔昭的后代在朝鲜累世为官，三代出了两个宰相，成为朝鲜王朝的名门望族。如今韩国的孔氏都是孔昭的后裔。朝鲜王朝崇扬儒学，当时孔氏在那里很受优待。

后来，朝鲜国王认真研究了孔氏家谱，认为朝鲜孔氏的籍贯应该是山东曲阜，而不是韩国的昌原，此后，韩国这支孔姓人便都说自己是山东人，老家在曲阜。据统计，现在居住在韩国的孔子后裔已有八万多人。其中的三万人已被收录到第五次修订的《孔子世家谱》中。

儒学在越南

中国与越南山水相连，儒家思想在东南亚的传播以越南为最早、最深入。

公元前 214 年，汉人赵佗被任命为龙川县令，统辖珠江的东江、北江上游，属南海郡。公元前 206 年，秦亡，赵佗被部属拥立为南越王。赵佗辖管三江（漓江、珠江、红河），以儒家思想、礼仪制度教化臣民。公元前 196 年，汉高祖刘邦派陆贾为专使，携御赐镌刻有南越王之玺的金印出使南越。经过疏通，赵佗自动归汉，在番禺越王山向北行礼，从陆贾手中接过金印。

元鼎六年（前 111 年），汉武帝灭掉南越，在越南北部设置交趾、九真、日南三郡和二十二县，将越南中北部纳入中国一千多年，历代王朝都是派遣汉族官吏前去治理，加快了儒家思想的传播。锡光、任延在越南“建立学校，导之以礼”，被越南人尊为士王的交趾太守士燮接纳南下避乱的刘熙、薛综等经学家，深受越南人的尊敬，“三国吴时，士王为牧，教以诗书，熏陶美俗”（越南《四字经》）。唐朝时期，不少诗人南下越南，褚遂良、高骈均曾任职越南，杜审言被流放峰州，沈佺期被流放驩州，刘禹锡、韩偓等也南下越南，越南学者也北上中原，儒家思想影响越来越大。从赵佗到五代十国时期，越南中北部一直属于中国管辖，越南史书称为北属时期。

十世纪初，趁中国动乱，无暇南顾，越南土豪乘机割据。968 年，丁部领消灭了十二使君，统一了越南，越南开始

摆脱中国的控制而独立，但仍以中国为宗主国，国王只有接受中国皇帝的册封才具有正统地位。独立后的历代王朝也以孔子思想为国家指导思想。李朝神武二年（1070 年）建造孔子庙，五年后举行科举，其后的陈朝将学校推向州镇。明朝初期，中国一度占领越南，大兴儒学教育，将学校推向州县，儒家思想在越南有了更大的发展。从十四世纪开始，越南儒学者辈出，其中以阮秉谦、潘孚生、吴士连、黎贵淳最为著名。

明末清初时期，正是越南阮氏王朝初创之时，统治阶级更加注重利用儒家思想，采取联合、宽容、怀柔的政策

越南河内文庙

对新领地进行开拓。由于两国上层人物对儒家文化的认同，且两国又无利益上的冲突，关系比较和谐，越南阮氏王朝的国相曾亲自到北京致敬受封，愿为中国藩属，年年进贡。越南文庙也按照中国制度，悬挂康熙皇帝题写的“万世师表”匾额，祭祀、配享等规制基本与中国一致。1905 年，中国废除了科举制度，越南直至 1918 年才停止科举。

越南民族民主革命的初期，带有浓厚的儒学色彩，而越南革命领袖胡志明本身也是知识丰富的汉学家。可见儒家思想对越南影响至深。

儒学在欧洲的传播

早期来华的传教士，自明代开始就把儒学介绍到了西方。

1598 年，利玛窦在中国把“四书”译成西文，从这时候起，直至 1789 年法国大革命爆发，是儒学对欧洲影响日甚的二百年。其中，前一百年是以明代万历年间利玛窦等耶稣会士沟通东西文化为开端；后一百年则是以 1685 年法国国王路易十四向中国派遣传教士，与中国清朝皇帝康熙进行“对话”为起点。

利玛窦像

1582 年，利玛窦随范礼安等耶稣会士，从印度果阿出发来到了澳门，经过严格的中国语言、文化训练之后，于 1583 年 9 月 10 日取水道沿西江而上，进入当时南方的政治、经济、文化中心肇庆。从此，基督教开始了第三次向中

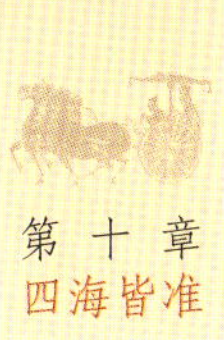

国传播，也揭开了明清之际东西方文化交流的历史新篇章。利玛窦于 1601 年应明万历皇帝之诏到了北京，直至 1610 年在北京逝世，他在中国传教历经艰辛，前后长达二十八年。

利玛窦在华期间，花费了很大的精力潜心研读儒家经典，成就非凡。明代著名的思想家、文学家李贽说利玛窦“凡我国书籍无不读……请明于四书性理者解其大义，又请明于六经疏义者通其解说，今尽能言我此间之言，作此间之文字，行此间之礼仪”，是一个“中极玲珑，外极朴实”的“极标致”之人。

利玛窦企图从儒家经典中寻找“儒耶对话”的切入点，探讨用儒家思想论证基督教教义的可能性。利玛窦认为：“中国哲学家中最有名的是孔子。这位博学的伟大人物，诞生于公元前 551 年，享年七十余岁。他既以著作和授徒，又以自己的身教来激励他的人民追求道德。他的自制力和有节制的生活方式，使他的同胞断言他远比世界各国过去所有被认为是德高望重的人更为神圣。”“孔子是中国的圣哲之师。”“中国有学问的人非常之尊敬他。”利玛窦认为，“四书”是为着国家未来的美好和发展而集道德教诫之大成，是

《利玛窦中国书札》书影

“着眼于个人、家庭及整个国家的道德行为，而在人类理性的光芒下对正当的道德活动加以指导”，是“所有想要成为学者的人必须背熟的书”。基于这种认识，他于1598年与人合作，完成了用拉丁文注释“四书”的工作，以帮助在华的传教士学习中文和了解中国文化。利玛窦第一次向欧洲全面介绍了中国的道德和宗教思想，欧洲人从此知道了中国圣人——孔子和中国文化的精粹——儒学经典。利玛窦是欧洲汉学家当之无愧的始祖，他对于欧洲的汉学研究做出了划时代的贡献。

然而，从十六世纪中叶到十七世纪中叶这一百余年，中国的儒学在欧洲的影响仍然是有限的。到了十七世纪末至十八世纪末这一百年，“中国文化热”才逐渐在欧洲形成。

法国国王路易十四（1643—1715）执政期间，为了借助耶稣会的传教士在中国打开局面，于康熙二十四年（1685年）1月28日亲自签署任命书，从国库中拨款九千二百镑作为年俸，资助白晋等六名“有突出才能”的耶稣会士赴中国传教。后来，他们先后成为康熙身边的“教师”和“谋士”，继而成为康熙与路易十四之间进行沟通的重要桥梁。

康熙三十八年（1699年），白晋的《中华帝国史》一书出版。书中指出“儒学毕竟预示着一种一般的全球性道德观的可能性，汉字也蕴含超越方言、地形的全球性语言的希望”，这两个观点后来也被聪明的哲学家莱布尼茨所运用。在三百年后的今天，他的预言惊人地变成了现实。

十七世纪中叶以后，在中国的传教士大部分是法国人，他们都受过高等教育，有丰富的学识，在中国长期居住，并且熟悉中国文献，其中不少人在中国的宫廷中供职，能够获得其他外国人不可能得到的中国文化知识。他们写了大量有关中国的著作，传播给法国和欧洲的公众，这甚至使得部分法国人对中国的了解超过了对欧洲的了解。就在这个时期，中国的《论语》《大学》（以《中国的智慧》为名，于 1662 年在法国翻译出版）《中庸》（以《中国政治道德学》为名，于 1663 年在法国巴黎翻译出版）《孟子》等四书，以及《诗》《书》《礼》《易》《春秋》等五经，还有《乐经》《孝经》以及朱熹的著作也被翻译成多种文字在西方出版。此外，耶稣会士们还撰写了大量介绍中国历史、地理、社会制度以及天文、医学、动植物学和文学等方面的著作。

经过耶稣会士们近百年的传播，从 1685 年到 1789 年，在欧洲形成了持续百年的“中国文化热”，法国的巴黎大学成了“中国文化热”的中心。中国、孔子、儒学“在欧洲获得了前所未有的知名度”。尽管十八世纪的法国是“英国的世纪”，但是，中国“似乎比英国更受青睐”。1769 年，有人在文章里这样写道：“中国比欧洲本身的某些地区还要知名。”

这个时期的欧洲正处在从中世纪的封建社会向近代资本主义社会转变的阶段，在新的历史时期到来之前，需要有近百年的思想准备，才能逐步形成新的思想和理论。这个思想准备阶段的主要特点，体现于意大利文艺复兴的新思想与耶稣会士传入欧洲的儒家思想这两种思想之精华的整合。法国文学史家居斯塔夫·朗松认为，1680 年至 1715 年期间是文艺复兴以来的欧洲文明与中国的儒家思想相融合，进而形成启蒙思想——法兰西社会精神的大变革时期。

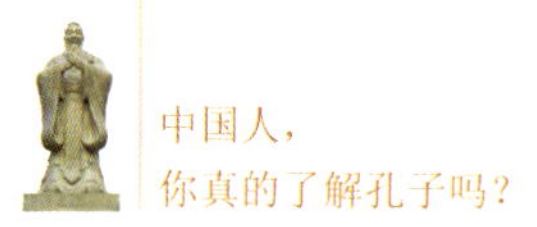

产生于这个时期的欧洲思想有以下六个要点：（1）要求清晰的和有条理的思想，关注事实和经验，既不向偏见、也不向权威让步，一个人为他自己寻求真理；（2）良心是自主的，信条是独立的，因此，所有地方的善人与种族或宗教无关，从根本上讲都有同样的道德原则，并且个人可以自己判断善与恶，总的来说，善就是“中庸之道”；（3）善和乐是一致的，人们不应该去寻求消除，而是要导引他们的欲望，强调的是此世的享乐，来世的赏罚消失了；（4）善，并不是如后来卢梭主张的那样是本来就有的，而是文化和文明的产物；（5）快乐的哲学被扩展到了互惠的地步，由此，一个人会认为要使自己幸福，就需要使别人幸福；（6）“仁慈”的美德要被“人道”的美德所代替。

应当说，这六条思想在《论语》和早期儒家思想中都能够找到“不同寻常的相似之处”。如第六条，就是用“人道”取代“神道”，用儒家的美德替代基督的美德。

魁奈像

这些新合成的智慧，为启蒙思想的形成与发展奠定了坚实的思想理论基础。在十七世纪和十八世纪的欧洲，有一批大思想家都曾经非常狂热地崇拜中国文化，如伏尔泰、莱布尼茨、霍尔巴赫（哈）、魁奈、歌德、克斯奈……他们发现，“令他们惊讶的是，在两千多年前

的中国……孔子以同样的方式思索同样的思想，并进行了同样的战斗”。于是他们把孔子的人道主义价值观、民主观、平等观、自由观、博爱观视为“天赐的礼物”。魁奈在他的《中国专制制度》一书中申明：“中国的学说值得所有国家采用为楷模。”霍尔巴赫也宣称，法国要想繁荣，必须“以儒家的道德代替基督教的道德”。这些启蒙学者响亮地提出要向欧洲“移植中国的精神”。这充分地表明，中国的儒家思想已经成为他们“自由、平等、博爱”等民主思想的一个重要的来源和依据。正如有的学者所指出的那样，“孔子成了十八世纪启蒙学者们的守护神”。

二十世纪中叶，在1945年，美国汉学家顾立雅出版了他的《孔子与中国之道》一书，对中国儒学在十七世纪至十八世纪对欧洲的影响，尤其是对法国启蒙学者的影响做了极其翔实的阐述和论证。他在该书一开头就明确地指出：

《孔子与中国之道》书影

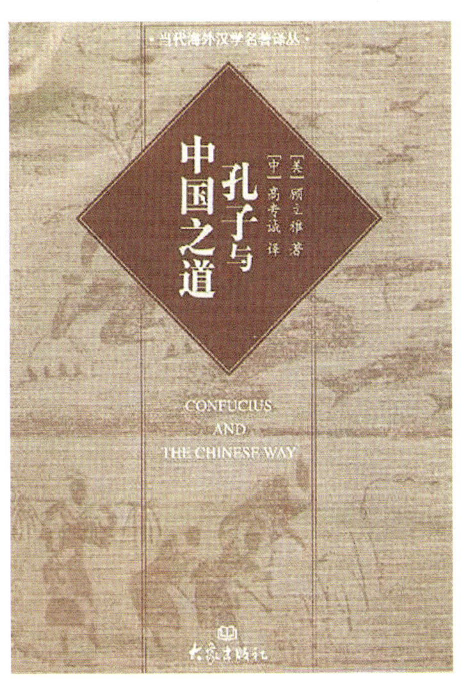

众所周知，哲学的启蒙运动开始时，孔子已经成为欧洲的名人。一大批哲学家包括莱布尼茨、沃尔夫、伏尔泰，以及一些政治家和文人，都用孔子的名字和

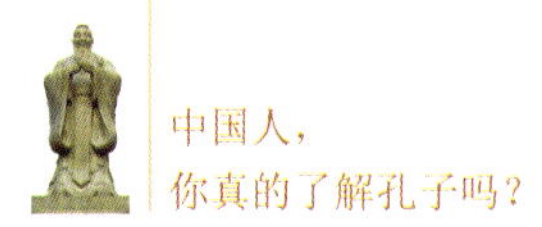

> 思想来推动他们的主张，而在此进程中他们本人亦受到了教育和影响。法国和英国的实情是，在儒学的推动之下，中国早就彻底废除了世袭贵族政治，现在儒学又成为攻击这两个国家的世袭特权的武器。在欧洲，在以法国大革命为背景的民主理想的发展中，孔子的哲学起了相当重要的作用。通过法国思想，它又间接地影响了美国民主的发展。

这种历史事实对当代中国人了解自己民族的文化在世界文明发展历史中的角色和作用，消除"西方中心论"所滋生的殖民地文化心理，重新认识自己的民族文化，挺直自己民族文化的脊梁，为中华民族优秀文化的再度辉煌奉献自己的才智，实现中华民族的伟大复兴有很好的激励作用。

孔子文化世界行

当今世界，文化越来越成为民族凝聚力和创造力的重要源泉，越来越成为综合国力竞争的重要因素。

随着中国的和平崛起，世界范围内掀起了一股"中国文化热""汉语热"，曾经沉寂一时的孔子文化在新时期重新焕发了青春活力。以孔子为代表的中华传统文化同中国经济腾飞相伴相随，深深地吸引了世界的目光。

孔子是中国的，也是世界的。"孔子文化"是中国几千年优秀传统文化的主干和精髓，孔子所倡导的"和谐文化"是中华民族共有的精神家园。孔子文化也是世界文化宝库

2010 年，本书作者王大千代表中国孔子基金会向津巴布韦大学赠送圣谷山茶

中共山东省委宣传部副部长徐向红为内罗毕大学题写《兰亭序》中的名句“惠风和畅”

中的一笔珍贵财富。因此，推动孔子文化走向世界既符合中国文化发展的战略，也能满足世界对东方文化的渴求。中国作为发展中的大国，也迫切需要培育和打造自己的文化软实力，这样才能与不断提升的综合国力相匹配。孔子文化这扇窗口，可以让世界更好地了解中国、感知中国。

作为中国孔子基金会十大文化品牌之一，“孔子文化世界行”旨在通过大型综合展演活动在全球范围内传播孔子文化和中华文化。活动内容包括“孔子生平事迹影响展”“儒家文化主题书画展”“汉画像石艺术展”以及儒家文化主题图书、光盘、电视、电影、动漫展播，大型孔子像赠送，儒学专家讲座，艺术汇演，孔府菜制作推广等多项内容。

“智者行仁”孔子像

“孔子文化世界行”是由中国孔子基金会牵头，联合有关单位共同主办的，主要以世界各地的孔子学院为展示平台。以“孔子文化世界行——非洲行”为例，此活动由中国孔子基金会与新华社非洲总分社联合主办，在新华社非洲总分社的支持下，于2010年10月在肯尼亚的内罗毕大学和津巴布韦大学的孔子学院成功举办。

“孔子文化世界行”活动的组织架构是开放的，中国孔子基金会牵头主导，根据拟举办活动国家的情况，选择活动

中国驻津巴布韦大使忻顺康、津巴布韦大学副校长尼古拉与“孔子文化代表团”成员合影

2008 年 6 月 16 日，时任国家主席胡锦涛访日期间赠给日本早稻田大学一座大型孔子像

落地的合作伙伴，合作伙伴既可以是当地的议会、政府，也可以是学校、民间机构、企业或华侨组织，以最大限度地实现广泛联合。其中，孔子学院的作用尤为突出。孔子学院不仅是传授语言的课堂，更是文化交流的桥梁，切切实实地促进了世界各国人民和中国人民之间的交流和来往，成为孔子文化“走出去”的重要通道。中国孔子基金会已于 2010 年与孔子学院总部 / 中国国家对外汉语教学领导小组办公室（简称“国家汉办”）签署了战略合作协议，双方互设了联络处。今后“孔子文化世界行”在不断深入推进中，将继续使用好这一重要平台。

“孔子”周游世界之时，大受当地政府的重视，多数展览是以州议会或政府、省议会或政府的名义与中国孔子基金会联合主办的，展览场地也设在州、省议会或政府办

2012 年第四届山东省文博会，外国友人在中国孔子基金会展区参观并与“智者行仁”孔子像合影

公场所内，州或省的领导以及侨界领袖和我驻外使馆重要领导成员大多出席活动。对于每一站的活动，海外主流媒体争相关注和报道，给予很高的评价。

“孔子文化世界行”每到一地都产生了广泛影响，取得了丰硕成果，所到之处与当地的孔子学院及当地政府部门都签署了合作交流、旅行体验、企业考察、访问参观等协议，为中国与世界各国的文化交流探索出了一条新路子。

孔子学院

随着中国经济的发展和国际交往的日益广泛，世界各国对汉语学习的需求急剧增长。为了提升中国语言文化影响力，推动汉语加快走向世界，从 2004 年开始，我国在借

2004 年 11 月 21 日，全球第一所孔子学院在韩国汉城（今首尔）挂牌

筹办于 2004 年 11 月的美国第一家孔子学院——马里兰大学孔子学院

日本北陆大学孔子学院门前矗立的孔子像

鉴英、法、德、西等国推广本民族语言经验的基础上，尝试在海外设立以教授汉语和传播中国文化为宗旨的非营利性教育机构“孔子学院”。

孔子学院是中国政府为了向世界推广汉语，增进世界各国对中国的了解而设立的官方机构。学院由中国国家对外汉语教学领导小组办公室管理，总部设在北京，境外的孔子学院都是其分支机构。

孔子学院最重要的一项工作，就是向世界各地的汉语学习者提供规范、权威的现代汉语教材，提供正规的汉语教学渠道。

孔子学院开展汉语教学，以及中外教育、文化等方面的交流与合作。所提供的服务包括：开展汉语教学，培训汉语教师，提供汉语教学资源，开展汉语考试和汉语教师资格认证，提供中国教育、文化等信息咨询，开展中外语言文化交流活动。

孔子学院自创办以来，在中外多方的共同努力下，截至 2014 年 8 月，孔子学院总部 / 国家汉办已在全球一百二十二个国家和地区建立了四百五十七所孔子学院和七百零七所孔子学堂。目前，孔子学院已成为世界各国人民学习汉语和了解中华文化的园地、中外文化交流的平台、加强中国人民与世界各国人民友谊的桥梁。

后 记

由于工作的关系，我接触的人社会层面比较广，年龄跨度也比较大。从幼儿园的儿童到耄耋老者，从社区普通居民到社会精英人士，我都有不少朋友。

但一谈起孔子，大多数朋友是既熟悉又陌生。年纪稍长一些的还多少有些了解，但多是在“文革”的“批林批孔”运动中被灌输的“孔老二”的扭曲形象；至于年轻人，大多从历史教科书中知道有个孔子，但也不过仅仅是当成一个单薄的历史人物和知识点罢了。

后来我去韩国，看到韩国人对孔子的无上崇敬、对儒家文化的坚守和对儒家思想的信仰，深受震动，心情非常复杂，借用孔老夫子的一句话，“礼失而求诸野”啊！

多年来，我一直在想：谈中华优秀传统文化离不开其主干儒家文化，谈儒家文化离不开孔子。让世人对孔子有一个客观准确、系统全面的认知，是一件非常有意义的基础性工作，也是亟待完成的必要任务，正所谓“正本而末直，源清则流长”。就是在这样的想法驱使下，我开始着手编写本书。

在广泛征求了社会各界的意见和建议，并多次组织研讨论证之后，本书的编写宗旨和章节框架最终得以形成。

在这一过程中，李路、窦洪涛、曾繁田、王新元等同事和朋友帮助搜集了大量的资料,付出了艰辛努力和大量心血。初稿写成后，青岛出版集团的孟鸣飞董事长认为本书对普及推广儒家文化具有非常重要的意义，亲自协调本书的出版事宜，嘱数字动漫出版中心总编辑刘耀辉责编印出。在此，一并表示感谢。

在本书编写过程中，我广泛参考了有关学者、专家的研究成果，在此谨向他们表示衷心的感谢。由于时间紧迫，编写仓促，书中纰漏在所难免，还望读者批评指正。

王大千

再版后记

把孔子讲清楚，把《论语》读明白，一直以来是我从事普及传播孔子文化工作的心愿。《中国人，你真的了解孔子吗？》一书第一版面世以后，许多读者朋友对其给予了不错的评价，有的说，“通过本书将孔子了解得比以往更全面、更具体了”；也有的说，本书“以发问的形式提出中国人对孔子认知多少的现实问题，唤起了人们对孔子这一中华民族优秀传统文化标志性人物的关注与思考，读后留下很深的印象”；还有的认为，本书“内容平实，信息量大，对孔子相关的历史文化知识娓娓道来，既全面系统地介绍了孔子的生平事迹、历史贡献，又生动具体地阐释了孔子对中华优秀传统文化、民族精神及民族性格的深远影响”；有的发表体会说，“书中解读翔实，行文清新和雅，说理明白晓畅，读后倍感亲切，受益匪浅”。这些评价既是鼓励，也是鞭策，令我感到欣慰。

2014 年年初以来，随着孔子学堂在全国乃至世界各地的创办，大家对孔子及其儒家文化的学习需求越来越多了。我也深深觉得，当今时代，并不是每个中国人都真的了解孔子及其儒家思想，现有的读本要么不够系统，要么过于艰深，让读者觉得和孔子有距离感。而能否正确认知

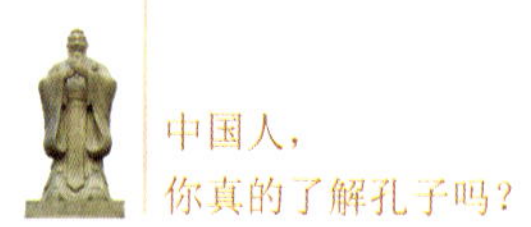

孔子本人，直接关乎能否理解和汲取中国传统文化的基本营养。基于以上考虑，孔子书房出版中心对本书进行了修订并再版，以期让更多的中国人真正了解孔子、亲近孔子并践行孔子的精神。

本书再版得到了青岛出版集团孟鸣飞董事长的鼎力支持，曲阜研究院原副院长孔祥林先生对第一版书稿进行了严谨细致的审校，在此一并表示谢忱。

王大千

2017 年 5 月

图书在版编目（CIP）数据

中国人，你真的了解孔子吗？ / 王大千编著 . — 青岛：青岛出版社，2014.9

ISBN 978-7-5552-1114-3

Ⅰ. ①中… Ⅱ. ①王… Ⅲ. ①孔丘（前 551- 前 479）- 人物研究 Ⅳ. ① B222.25

中国版本图书馆 CIP 数据核字（2014）第 205663 号

书　　名　中国人，你真的了解孔子吗？
编　　著　王大千
出版发行　青岛出版社
社　　址　青岛市海尔路 182 号（266061）
本社网址　http：//www.qdpub.com
邮购电话　13335059110　（0532）85814750（兼传真）（0532）68068026
责任编辑　吴清波　张吉路
特约编辑　蔡风华
美术编辑　梁　娜
封面设计　孔祥建
制　　版　山东鲁润文化传播有限公司
印　　刷　青岛海蓝印刷有限责任公司
出版日期　2017 年 7 月第 2 版　2017 年 7 月第 3 次印刷
开　　本　16 开（640mm × 960mm）
印　　张　17.5
字　　数　180 千
印　　数　5001-8000
书　　号　ISBN 978-7-5552-1114-3
定　　价　52.00 元

编校印装质量、盗版监督服务电话　4006532017　0532-68068638

本书建议陈列类别：文化 · 畅销